La Musique au Foyer

ARTHUR MAQUAIRE

Compositeur de Musique
Ténor-solo des Concerts Colonne.

La Musique
au Foyer

Art d'agrément et source de profits

LIBRAIRIE ARMAND COLIN
103, Boulevard Saint-Michel, PARIS

1914

PREFACE

La musique occupe dans la société moderne une place de plus en plus importante. C'est une telle considération qui nous a incité à livrer au public cette modeste étude de vulgarisation.

Nous nous sommes efforcé de présenter la musique sous un jour nouveau, en évitant les trop longues digressions techniques, mû par la seule intention de faire, au sein des familles, où il n'est pas d'enfant qui ne chante ou ne joue de quelque instrument, triompher le culte de l'art.

Si l'individu est la cellule de la famille, celle-ci est, à son tour, l'un des rouages, le rouage essentiel même de la société. Or, le bonheur des individus n'appelle-t-il pas le bonheur de la famille? Et une société constituée par des familles heureuses n'est-elle pas capable d'accueillir les progrès? La ruche ne chante que lorsque les abeilles participent allègrement à la sainte harmonie du travail.

Nous nous sommes donc imposé, comme premier devoir, de dire, sur la musique, ce que généralement l'on ne dit pas, ce qui

pourtant constitue l'argument principal de
son charme. Nous avons célébré la beauté, la
grandeur de son rôle social.

Puis, ayant remarqué que les livres de
théorie musicale étaient le plus souvent muets
sur les considérations pratiques, alors que
notre époque a déjà compris, pour les autres
branches de l'éducation, l'urgence d'illustrer
les études par des leçons de choses, nous avons
jugé opportun, et nous sommes convaincu que
l'on nous approuvera, de commencer la théorie
par un exposé des éléments d'acoustique.

Ensuite, nous nous sommes appesanti sur
les conseils relatifs à l'interprétation, sur
tout ce qui fait, en somme, aimer l'art pour
lui-même, et constitue la meilleure prépara-
tion à cette musique d'ensemble, dont notre
pays commence à comprendre toute la portée,
et à laquelle une étude familiale raisonnée ne
pourra que donner l'essor.

Enfin, — et c'est en cela, surtout, que la
musique enseignée au foyer peut avoir une
portée utile, — nous avons tenu à éclairer les
parents sur les moyens de reconnaître, et, au
besoin, d'encourager la vocation de leurs
enfants.

Ceux qui se sont engagés dans une carrière
où l'on ne rencontre pas assurément que des
roses, mais qui, somme toute, en vaut bien
une autre, diront avec nous que si le musicien manque parfois de sens pratique, c'est
qu'il est parti, ou qu'on l'a jeté sur l'océan
de la vie sans boussole.

Nous pensons donc avoir comblé une lacune en envisageant la question musicale sous cet angle. Nous nous considérerons comme satisfait si, par cette étude, que nous avons rédigée, — et ce ne fut pas la moindre de nos tâches, — avec la double préoccupation de la concision et de la clarté, nous parvenons à faire pénétrer dans les familles notre idéal d'art; si, parallèlement, nous avons fait germer dans le cerveau et le cœur de nos futurs confrères les idées et les sentiments élevés qui, dans le tourbillon de la vie moderne, consolent et reposent des innombrables préoccupations professionnelles.

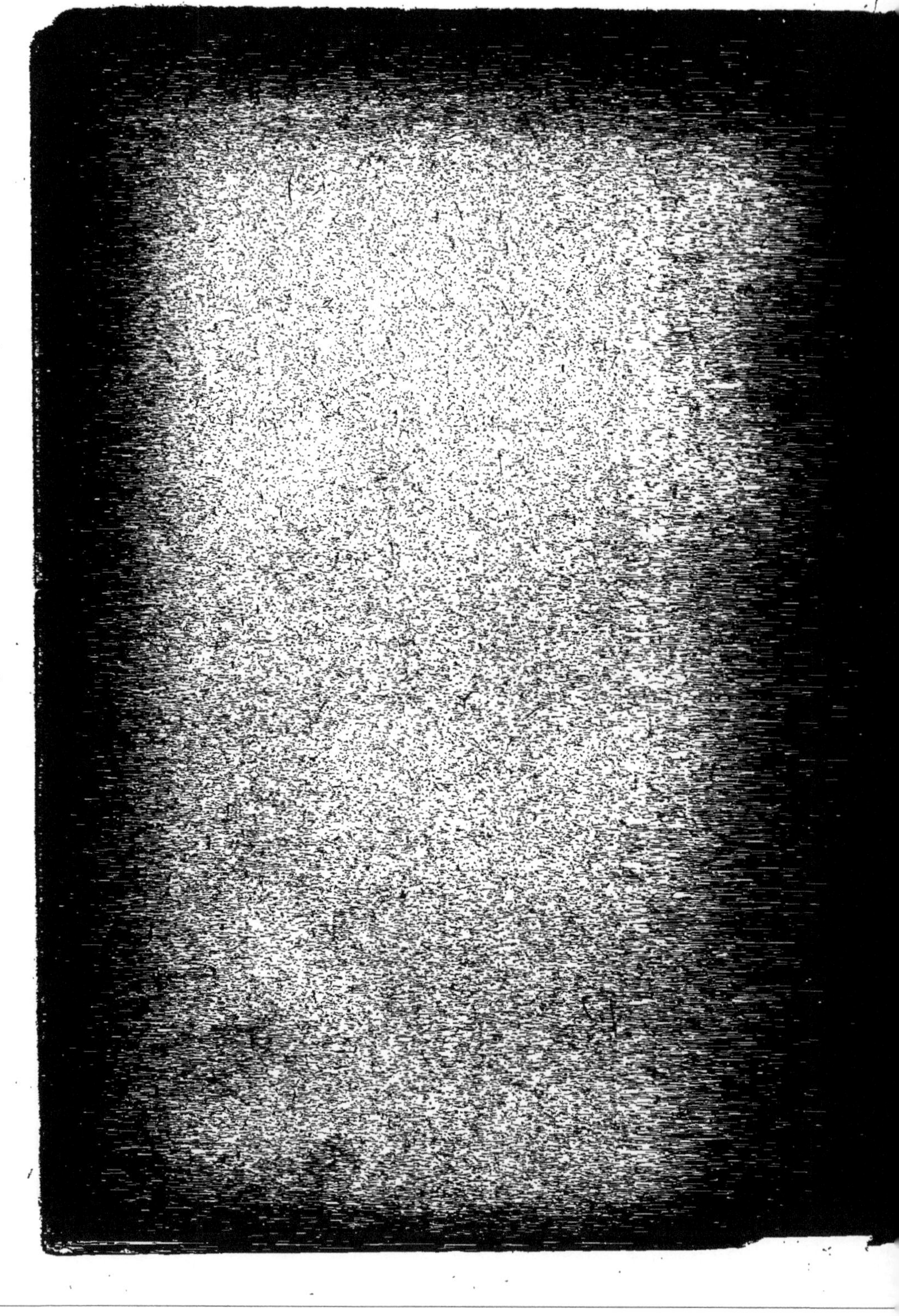

LA MUSIQUE

I

CONSIDÉRATIONS GÉNÉRALES

1. *Définition*. — Pour autant qu'il soit utile de définir un art qui fait corps avec notre existence même, nous dirons que la musique consiste à *discerner*, *émettre* et *combiner* les sons dans un but artistique.

Le discernement des sons, leur précision et leur classification sont, avant tout, du domaine de l'*acoustique*.

Par l'émission, nous prouvons que nous sommes en mesure de distinguer la musique du bruit.

La combinaison des sons musicaux, enfin, est exclusivement du domaine de l'art.

2. *L'Art, la Nature et la Science.* — Ce n'est pas sans intention que nous ayons dit : exclusivement.

En effet, ce fut la double erreur du siècle dernier de confondre couramment la musique avec la Nature et la Science.

Une tendance contraire se manifeste à l'heure présente, tendance qu'on ne saurait trop encourager.

C'est à Gœthe que nous devons cet aphorisme : « L'Art est défini art parce qu'il n'est pas la Nature elle-même... »

L'Art n'est ni la Nature, ni la Science. Celles-ci s'imposent à nous, l'une avec sa force contingente, l'autre avec sa logique implacable.

L'Art pourrait être défini : la Nature vue à travers le prisme d'un tempérament.

GENÈSE DE LA MUSIQUE

3. *Production du son.* — Lorsque nous mettons un corps en vibration dans un milieu élastique tel que l'air, par exemple, nous produisons un son.

Chacun d'entre nous a le pouvoir de vérifier cette proposition acoustique par l'expérience, soit :

En frappant du doigt, ou à l'aide d'un objet quelconque, une tige ou une plaque de métal (*percussion*).

En pinçant ou frottant une corde tendue (*toucher*).

En soufflant dans un tube à embouchure ou à anche (*soufflerie*).

Nous verrons par la suite que ces trois manières (les seules connues) de produire le son ont servi d'indication pour la facture des instruments (instruments à percussion, à cordes, à vent).

4. *Bruit et son musical.* — Si nous produisons le son par saccades, nous n'aurons que des *vibrations* brèves ; ce sera le bruit.

Ainsi nous parviennent le bruit du canon, le fracas du tonnerre, le roulement d'une voiture, etc. Les bruits sont faits d'une multitude de sons imprécis et précipités, qui se heurtent et se mélangent sans unité d'ensemble.

Si, par contre, nous spécialisons le son, en imprimant au corps vibrant une série d'oscillations identiques et prolongées, soit en frappant avec régularité une lame métallique, soit en frottant uniformément une corde, soit enfin en soufflant avec continuité dans un tube à embouchure ou à anche, ce son prend une « forme », ou, plus exactement, une forme principale se détache des sonorités accessoires que l'on appelle *harmoniques*. On dit que ce son est musical.

5. *La sensation.* — Contrairement à la croyance généralement répandue et qu'il est opportun de combattre dans ce petit ouvrage de vulgarisation, le son n'existe pas en lui-même. Comme l'a dit avec tant de bon sens le professeur John Stainer, il n'y a ni bruit ni son à l'extérieur de la tête. La cause du son parcourt son chemin et arrive jusqu'à nous dans un silence absolu. Le son, en fait, existe seulement en nous (1)...

C'est par la sensation que nous sommes en mesure de distinguer le son musical du simple bruit, et c'est par la sensation que nous admettons ou rejetons, — suivant notre tempérament, — une forme d'art ; que nous sommes, en d'autres termes, sensibles à la musique.

6. *La musique et l'enfant.* — Intuitivement (et non pas instinctivement, comme on s'est plu à le répéter tant de fois) l'homme apprécie donc le rôle eurythmique de la musique.

Tout en témoignant, dès son jeune âge, d'un goût marqué pour le vacarme, il fait naturellement la part du son musical et celle du simple bruit.

Il suffit, pour contrôler cette assertion, d'étudier l'effet produit par le chant le plus simple sur un enfant de trois et même de deux ans, d'intelligence moyenne. Qu'il soit ou non doué de ce sens musical — dont on a, de beaucoup, exagéré l'importance — qui ne se développe qu'avec l'âge, il suivra le geste et l'accent de son initiateur, et, ce premier effort

(1) *La Musique dans ses rapports avec l'intelligence et les émotions*: John Stainer (traduit par Louis Pennequin).

cérébral accompli, son constant souci sera de répéter à satiété l'air entendu. Quelle est la mère qui n'ait point tenté pareille expérience ?

7. *Les peuples primitifs.* — Les peuples primitifs sont, dit-on, des enfants. Or, il n'est pas de peuplade primitive qui, en dehors des instruments à percussion, sans sonorité bien définie, n'ait, à l'aide des cordes ou des bois, voire des métaux (à un degré de civilisation plus avancé), imaginé un dispositif lui permettant d'émettre une succession de sons et d'accompagner la voix.

Plus volontiers que nous, pourrait-on dire, l'homme primitif s'adonne à l'art des bruits, puis à l'art des sons.

Pris dans le flot tumultueux de notre civilisation, nous négligeons fréquemment ce dérivatif, et, ce faisant, nous nous égarons.

Les peuples enfants, en revanche, accompagnent musicalement tous les gestes importants de la vie. Nous avons, en une étude sur *La Musique au Congo*, montré combien les nègres se révélaient naturellement artistes, éloquents parfois, dans la naïveté de leur primitivisme.

8. *La musique, langue universelle.* — L'histoire de toutes les races n'est-elle pas, au demeurant, peuplée de légendes où la musique apparaît constamment sous les traits les plus sublimes ?

La légende d'Orphée, pour ne prendre que

la plus connue de toutes, n'est-elle pas la
symbolisation de cette puissance de la musique, dont la séduction — acceptons ici la
métaphore — va jusqu'à s'imposer aux ani-
maux et aux choses?

Il n'est donc pas téméraire d'affirmer que
tous les mouvements de l'homme normal
gagnent à s'accompagner de musique.

Heureuse ou malheureuse, ne faut-il pas que
l'humanité chante?

Pour le surplus, ce n'est pas soutenir un
paradoxe que d'attribuer à la douleur même
une valeur rythmique primordiale, comme
une sorte de rançon harmonique : car, ainsi
que l'a dit le poète :

Les plus désespérés sont les chants les plus beaux,
Et j'en sais d'immortels qui sont de purs sanglots.

Tant il est vrai que dire sa peine soulage, et
que le chagrin nous émeut plus profondément
que la joie.

9. *Sous quel angle on la devrait considérer.* — C'est précisément parce que, dans les
circonstances les plus pénibles de notre mission terrestre, la musique apparaît comme la
chère consolatrice, c'est parce qu'il est salutaire de chanter sa douleur quand on souffre,
que l'art, et plus particulièrement l'art musical, vaut mieux que la piètre considération dont
il jouit aux yeux de certains grands docteurs
de l'Université.

Ce n'est pas le moindre reproche que l'on

soit en droit d'adresser à notre époque de scepticisme.

Mais qu'au moins, s'il est démontré que la vérité absolue ne peut être l'apanage de notre époque, on nous laisse la meilleure de nos illusions, celle qui nous permet de voir la vie plus douce, et d'oublier, ne fût-ce qu'un instant, les ronces jetées sur notre chemin par l'ignorance ou la méchanceté des hommes.

10. — On a souvent rappelé — Richard Wagner entre autres — que les Grecs, peuple raffiné, avaient placé la musique au premier rang, dans les programmes d'éducation.

Et, parmi les peuples modernes, les Allemands ont compris le rôle optimiste de la musique.

En Belgique, pays où l'on « fait » beaucoup de musique, avec moins de méthode qu'au delà du Rhin cependant, nous avons remarqué que l'art musical faisait également partie des programmes autrement qu'à titre secondaire. Un fait typique : à bord du bateau-école l'*Ibis* d'Ostende, œuvre patronnée par le roi Albert, on enseigne aux petits marins, parallèlement à leurs lettres et à leurs chiffres, la musique chiffrée.

Nous n'oserions exiger tant que cela : ne nous prendrait-on pas pour des Barbares? Mais, néanmoins, il faut avouer que les organisateurs de notre enseignement commirent une grosse erreur, en n'imposant la musique

que très timidement, — et encore, avec quelle parcimonie ! — et en ne lui réservant, de-ci, de-là, qu'une courte, trop courte demi-heure.

11. — Au lieu de la considérer comme un hors-d'œuvre, un luxe, un passe-temps réservé aux favorisés de la fortune, il eût fallu faire comprendre à nos enfants jusqu'à quel point un labeur est profitable dès qu'il s'agrémente de musique.

Mais voilà ! Il eût fallu aussi des éducateurs prêts à cet apostolat superbe.

Avouons-le sans rancœur, nos pauvres maîtres, de qui l'on exige déjà un dévouement au-dessus des forces humaines, ne sont guère préparés à une semblable mission.

12. *La musique au foyer.* — Ce que l'enseignement officiel, très limité dans ses effets, n'a pu jusqu'à présent réaliser, c'est donc à la famille que nous l'allons demander, en disant à son chef responsable :

« Élève tes enfants dans l'amour de l'art. L'art agrémente la vie physique, comme le vrai féconde le jardin de l'esprit.

« Fais-leur aimer, avant tout, la musique. La musique est le plus vivant de tous les arts, elle les contient tous en puissance.

« Retiens aussi que quiconque aime la musique a du cœur. Toute noblesse n'est pas morte en lui. Il est prêt, mieux que les autres, aux grandes destinées ; il résiste mieux aux mauvais conseils de l'égoïsme, et l'on peut attendre de lui des actes sublimes.

« Les anciens avaient, d'un mot lapidaire, défini ce rôle optimiste, sur lequel nous insistons à dessein, en affirmant : « Le mé-« chant ne chante pas ! »

Oui, en apprenant ou faisant apprendre la musique à ses enfants, le père accomplit une tâche magnifique. Entre deux besognes absorbantes, il y a place pour une récréation, pour un délassement ; et c'est ce délassement qui, en reposant l'esprit et le corps, fait paraître moins ardue la reprise de la tâche quotidienne.

APERÇUS THÉORIQUES

13. — Loin de nous la pensée d'entrer ici dans le détail de la théorie musicale: Cela nous entraînerait trop loin, et sortirait d'ailleurs du cadre de ce modeste ouvrage.

Toutefois, comme les *bons* ouvrages théoriques sont rares, et comme, pour le surplus, les meilleurs sont muets sur les considérations de principes, l'on ne trouvera pas mauvais que, pour notre part, nous prenions la précaution d'éclairer notre lanterne.

Nous estimons qu'il est aussi absurde de parler musique sans être documenté sur ses origines, que de raisonner, en philosophie, sans savoir d'abord en quoi consistent le bon et le mauvais raisonnement, ce qui est du ressort de la logique.

14. *Simplicité de la théorie.* — Et puis, un autre motif, non moins pertinent, nous inciterait à donner les grands traits de la théorie sur laquelle repose la musique moderne.

Demandez à beaucoup de personnes la raison pour laquelle l'étude de la musique fut abandonnée par elles. La réponse sera, invariablement : « Nous n'y comprenions rien ; c'était beaucoup trop difficile ! »

Or, c'est là un préjugé contre lequel il est opportun que l'on s'élève. Rejetez la faute de cette difficulté, de cette obscurité, sur la méthode d'enseignement ou sur la notation, mais n'accusez pas la théorie, qui n'en peut mais.

C'est — et nous prétendons le démontrer — sur des éléments assez simples que repose toute la musique, dont on a voulu faire, dont on a souvent fait inconsidérément, il faut en convenir, un art très compliqué.

Si l'on avait toujours présenté la musique sous son aspect véritable, si une sorte de manie doctorale n'avait pas présidé à l'élaboration de sa théorie, comme s'il se fût agi de composer un Codex, bien des intelligences qui se sont rebutées à son étude se seraient au contraire livrées à cette intéressante spéculation, et le préjugé qui la fait considérer comme un casse-tête chinois aurait vécu.

On remarquera que nous évitons d'appeler

la musique une science, puisque, comme nous l'avons déjà pu constater, la science musicale se borne à quelques considérations acoustiques élémentaires.

15. — Nous ne saurions, sans longs commentaires, nous attarder à contester la valeur scientifique absolue du système musical moderne. Ce système repose, non sur des lois éternelles et immuables, mais sur la production de phénomènes spéciaux, tels que la résonnance des corps ou des tuyaux. On les admet, on leur donne la valeur d'un point de départ ; mais on ne saurait leur assigner un rôle dogmatique sans commettre un délit à l'égard de la raison.

Les aperçus théoriques qui suivent, destinés à démontrer aux jeunes gens la simplicité de la théorie musicale, ne doivent donc être accueillis que comme des arguments de fait.

16. *Qualités du son musical.* — Soit un son, émis dans un milieu propice, l'air par exemple (on sait que le son ne se propage pas dans le vide), et produit par le frottement régulier d'une corde métallique.

L'énergie avec laquelle nous mettrons ce corps en vibration déterminera son *intensité*.

La forme spéciale que prendra ce son, par le fait de la composition du corps sonore, — et, puisqu'en l'occurrence nous faisons usage d'un fil de métal, nous dirons que le son est métallique, — révélera son *timbre*.

Enfin, selon que les vibrations seront plus ou moins rapides, le son apparaîtra plus ou moins grave, plus ou moins aigu, et nous discernerons sa *hauteur*.

Nous conservons ce mot de hauteur, quoi-qu'il soit, comme l'a démontré Berlioz, évidemment impropre. En effet, on devrait dire ampleur, puisque les sons ne se répandent pas en hauteur, mais en largeur.

17. *Diapason.* — L'intensité et le timbre concernent, d'une part, l'art des nuances, et, d'autre part, la classification des instruments et des voix.

Pour l'instant, notre première tâche est de mesurer et de classer les sons.

Nous venons de voir que la hauteur du son dépendait du nombre de ses vibrations.

On a pris arbitrairement comme terme de comparaison une tige métallique, à laquelle on a donné le nom de diapason, et qui mesure, à notre époque, 870 vibrations simples par seconde, pour la France. Le diapason italien se nomme corista et mesure 1044 vibrations. C'est en comparant un son quelconque à ce diapason, que nous sommes en mesure de graduer l'échelle sonore.

18. *L'Octave.* — On a constaté qu'il existait entre un son quelconque et un autre son de vibrations doubles une étroite parenté, une analogie marquée dans la forme, à tel point que bien des personnes non averties vont souvent jusqu'à les confondre. On dit que le deuxième son est à l'octave du premier.

Même analogie entre ce deuxième son et un troisième de vibrations doubles, et ainsi de suite.

On peut émettre un son et l'octave de ce son, simultanément, sans que l'oreille enregistre autre chose qu'une sensation de repos, ou, plus exactement, d'équilibre.

Cet intervalle est, en quelque sorte, le champ d'action où va évoluer la musique.

En effet, entre un son et son octave, il y a place pour une série de sons intermédiaires, lesquels, disposés au gré de la fantaisie du compositeur, constituent ces phrases qui font la beauté et le charme de l'art musical.

19. — *Étendue générale des sons.* — Soit un son donné par l'octave du corista italien, et mesurant 522 vibrations simples à la seconde. Nous lui donnons le nom de *do* afin de bien fixer sa personnalité.

Aux termes du paragraphe précédent, si nous multiplions ou divisons par 2 le nombre des vibrations de ce son, nous obtenons une série d'octaves qui forment, pour ainsi dire, la charpente de l'étendue générale des sons (voir tableau ci-contre).

Le *do* le plus grave perçu généralement est composé de 32 vibrations, et le plus aigu de 4176 vibrations. Certaines organisations,

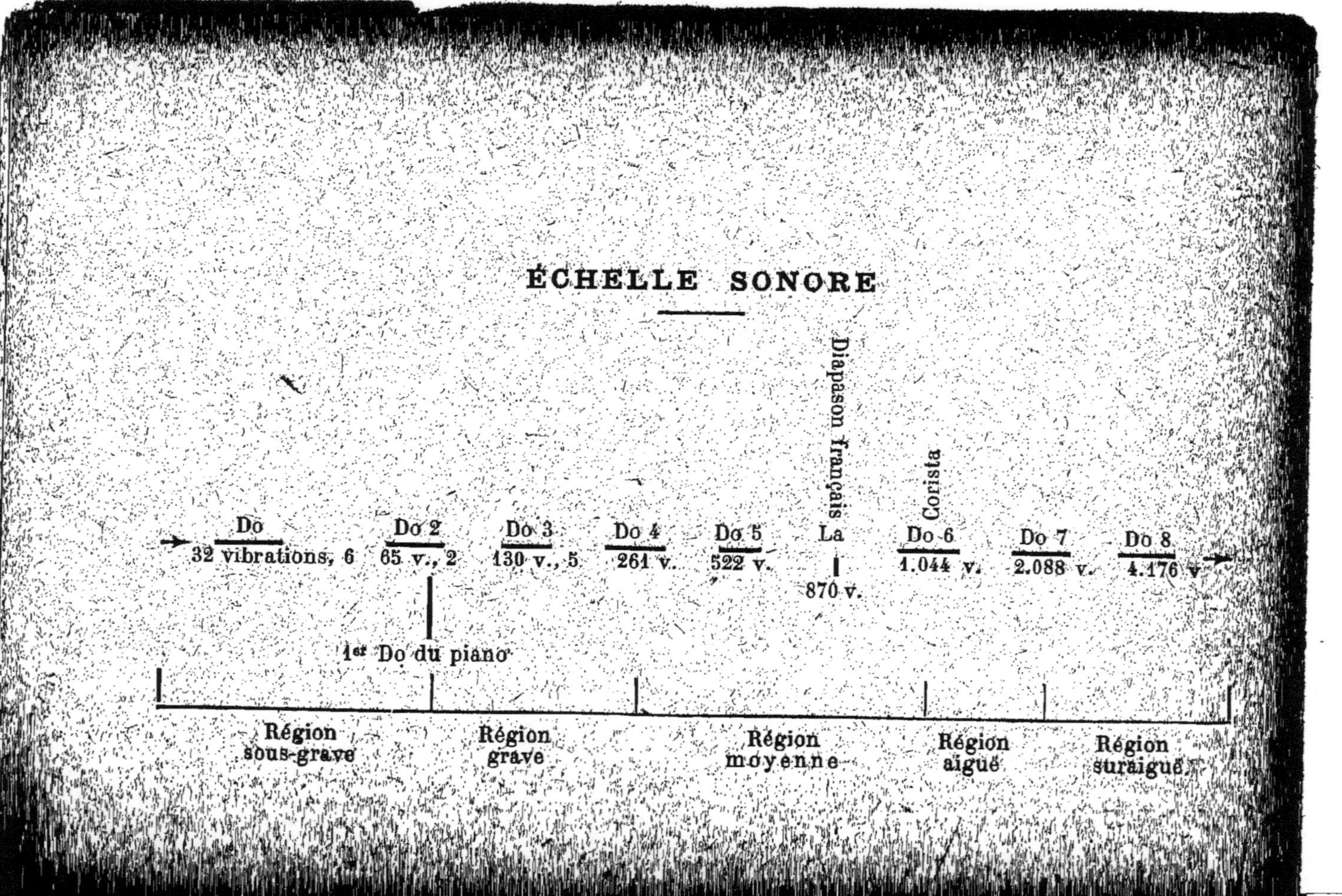
ÉCHELLE SONORE
Diapason français
Corista
Do
32 vibrations, 6
Do 2
65 v., 2
Do 3
130 v., 5
Do 4
261 v.
Do 5
522 v.
La
870 v.
Do 6
1.044 v.
Do 7
2.088 v.
Do 8
4.176 v.
1er Do du piano
Région
sous-grave
Région
grave
Région
moyenne
Région
aiguë
Région
suraiguë

néanmoins, sont capables de discerner des sons graves de 8 vibrations (d'après Savart) et des sons aigus d'environ 36850 vibrations (d'après Despretz).

Nous établirons notre échelle, qui correspond à celle de l'orgue (le plus étendu des instruments), d'après l'ouïe moyenne.

20. *Gammes. Tonalités.* — Lorsque, entre deux sons situés à intervalle d'octave (entre *do* 5 et *do* 6, par exemple), on émet une série de sons de plus en plus aigus ou de plus en plus graves, on « exécute une gamme ».

La musique moderne a ramené toutes les gammes à deux gammes-types de sept sons, disposés suivant une progression de tons et de demi-tons (ces intervalles sont les plus petits qu'admettent nos musiciens).

21. — Voici d'abord *la gamme majeure type*

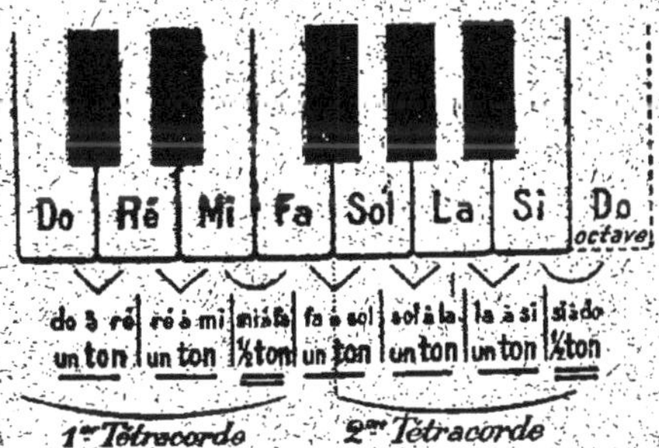

(MODE MAJEUR) de *do*, telle qu'elle est établie sur le piano.

Nous nous servons du piano parce que cet instrument est très répandu dans les familles, et aussi parce qu'il peut être plus aisément employé par les non-musiciens : il suffit d'appuyer sur les touches.

Particularités : *Do*, qui sert de point de départ à la gamme et donne son nom à la tonalité, est appelé *tonique*.

Les demi-tons sont placés entre le 3e et le 4e degrés, entre le 7e et l'octave du premier.

22. — Voici, ensuite, *la gamme mineure type*. (MODE MINEUR).

Les théoriciens sont loin d'être d'accord sur la composition de cette gamme.

Nous la présentons telle qu'on la conçoit aujourd'hui le plus couramment.

23. — Ces deux gammes, génératrices de la « sensation tonale », sont dites *diatoniques*.

Chaque ton pouvant être divisé en deux demi-tons presque égaux, on a imaginé une troisième gamme, banale pour les deux modes, la gamme *chromatique*. Elle procède par *dièzes*, en montant, et par *bémols*, en descendant.

Voici la tablature complète de l'octave par degrés diatoniques et chromatiques.

Chacun de ces degrés peut servir de tonique à une gamme. Ainsi l'on peut chanter en *ré*

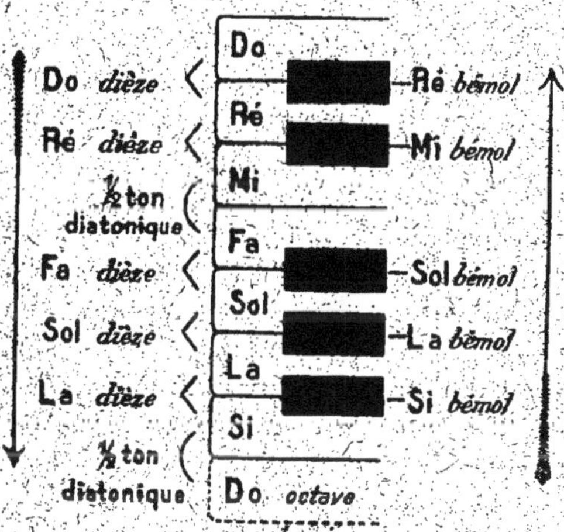

(majeur ou mineur), en *mi* (majeur ou mineur), etc...

24. *La Mélodie. Ses sources.* — Munis de ces notions élémentaires, indispensables pour la compréhension des chapitres qui vont suivre, nous sommes en mesure d'échafauder une phrase musicale. Cette détermination des sons est la base de la mélodie.

Jadis, la mélopée, dont la mélodie n'est, à dire vrai, que le développement naturel, en ce sens qu'un art évolue constamment avec la civilisation qui le pratique, était caractérisée par une suite de sons, de notes, longs ou brefs. Ce fut la grande époque de la musique religieuse, ou, pour employer une expression qui ne manque pas de justesse, de la musique pure.

On chantait alors dans tel ou tel mode déterminé, à l'unisson, de façon plane (d'où les mots : plain-chant), et l'on n'employait guère que quelques sons, toujours les mêmes.

Cette monotonie était rompue par les inflexions et les nuances. Les notes étaient tenues plus ou moins longtemps, selon les signes indicateurs, et, vraisemblablement, la main de l'artiste directeur.

Ce genre de musique cadrait — et cadre encore, s'il faut obéir aux instructions du Pape Pie X, relatives à la résurrection du plain-chant — avec la mentalité religieuse qui fut, presque exclusivement, celle du moyen âge. Un tel genre était propice aux méditations, aux phrases lentes et larges montant en volutes vers le ciel.

Nous avons, pour notre part, assisté et même participé à des restaurations d'œuvres de plain-chant authentique, et il nous en est resté une profonde impression d'art.

25. *Modulation et Tonulation.* — La musique serait demeurée en cet état pendant des siècles encore, si Monteverde, au dire de Fétis, si les contemporains de Palestrina, au dire de Gevaert, si, selon notre modeste opinion, les recherches combinées de toute une génération de compositeurs, n'avaient, après bien des tâtonnements, découvert le moyen de relier entre eux les modes, grâce au stratagème des accidents.

En substituant à la musique « modale » la musique « modulante », qui, par l'abaissement ou le rehaussement d'une des notes de la gamme, passait d'une atmosphère tonale dans une autre atmosphère, les musiciens que nous venons de citer libérèrent la pensée du créateur en lui permettant de sortir enfin de la méditation religieuse.

Aujourd'hui, on passe avec une facilité toujours plus grande d'un mode dans un autre (cela s'appelle moduler), ou d'un ton dans un autre (c'est ce que nous appelons tonuler).

26. *Le Rythme.* — Mais l'initiative de ces chercheurs ne fut pas seulement aiguillée vers la détermination des sons dans l'espace.

Elle porta encore sur ce que nous pourrions appeler la division des sons dans le temps, à savoir : le rythme.

En variant les rythmes, les compositeurs ont mis réellement le génie du musicien en harmonie avec les aspirations modernes, caractérisées par un amour soutenu pour la diversité et le mouvement.

Ils lui ont permis de chanter, tour à tour, les sentiments terrestres, l'amour par exemple, dont la chanson berça les siècles, et, plus près de nous, les multiples manifestations de la vie célébrées par les réalistes.

Pour cette fin, ils ont admis un étalon rythmique, la seconde ; et c'est ainsi qu'à l'aide du métronome ils ont pu diviser le « temps » en deux, trois, quatre, cinq, six... parties égales.

27. — Nous arrêterons là notre aperçu théorique. Chacun, à condition qu'il juge opportun d'en peser les termes, y trouvera l'explication philosophique du « phénomène musical », et la raison primordiale de son influence sur les hommes.

Cet exposé, on en conviendra, n'a rien de sibyllin.

A la vérité, on a prétendu faire de la musique un art d'exception. Sa théorie, dans la pensée des docteurs, devait demeurer le privilège de quelques-uns. D'où cette constante manie d'affubler de vocables ronflants les idées les plus élémentaires, et de faire intervenir à tout bout de champ l'autorité de la science là où la science ne réclamait pas même le privilège d'un contrôle. Les multiples bizarreries de la langue française n'ont jamais empêché, et n'empêcheront jamais cette langue d'être la plus claire et la plus belle du monde.

De même, les bizarreries de la langue musi
cale que les siècles nous ont transmise n'empêcheront point la musique de présenter la
première des qualités que le plus beau des
langages exige, à savoir la simplicité.

Car on aura beau dire et beau faire, à moins
de n'avoir point la conscience nette du monde
extérieur, et de ne savoir effectuer ni une multiplication ni une division, il n'est rien de
plus simple que de retenir par cœur :

1° La hauteur des sons, soit la mélodie.

2° La division du temps, soit le rythme.

II

L'ÉTUDE DE LA MUSIQUE

L'INTUITION

28. *La Méthode intuitive.* — L'enseignement musical courant fait marcher de front l'étude du solfège écrit et celle des sons.

Que disons-nous? L'étude des sons n'est-elle pas, le plus souvent, précédée par celle des signes?

C'est mettre, tout bonnement, la charrue avant les bœufs.

On n'a pas compris, — ou n'a pas voulu comprendre, — tout ce que l'on pouvait attendre de l'intuition de l'enfant. On n'a pas discerné ce que comportait de fatigue l'assimilation de ce fatras de signes conventionnels, et, par-dessus tout, l'on n'a pas cherché à faire de la musique un divertissement intellectuel. On l'a présentée avec l'aspect rébarbatif d'une compilation aride. Et l'enfant, naturellement, s'est rebuté.

Aujourd'hui, beaucoup de monde fait de la musique, et pense de bonne foi la connaître, alors qu'il est fort peu de vrais musiciens, même chez les gens de métier.

La solution du problème, nous l'avons pressentie, — et l'expérience nous a prouvé que notre hypothèse était fondée, — dans la méthode intuitive.

Avant Gouin, n'apprenait-on pas les langues vivantes dans les livres ? Tous ceux qui ont usé leurs fonds de culottes sur les bancs du collège savent comment on y apprenait l'anglais et l'allemand.

29. — Gouin a démontré, par ailleurs, que ce qui nuisait à l'étude des langues vivantes nuisait également à celle des langues mortes, et préconisait, — voyez s'il allait loin! — d'uniformiser la prononciation latine.

Pensait-il, en souhaitant une semblable résurrection, qu'il allait doter la musique d'une méthode nouvelle ?

Il est clair cependant, — cela nous paraît clair, maintenant que la clarté nous aveugle, — que, pour faire comprendre un langage destiné à toucher l'intellect par le canal de l'ouïe, il faut d'abord se servir de l'ouïe.

Cela ressemble à une vérité de La Palisse.

L'enfant n'apprend-il pas sa langue maternelle en causant avec sa maman ou sa nourrice ? Il la lit et l'écrit ensuite.

Que n'adopte-t-on pas la même pratique à l'égard de la langue musicale ?

Nous avons personnellement fait appel à l'intuition de l'enfant, et les résultats, dans un laps de temps très court, nous sont apparus surprenants.

30. *Du simple au complexe.* — Il est indispensable, dès que l'on désire inculquer à l'enfant des données précises, sur lesquelles viendront se greffer dans la suite une foule de théorèmes de plus en plus compliqués, de donner les premiers principes dans toute leur pureté.

L'enfant est, certes, un parfait enregistreur de formules. Mais, si sa mémoire est prompte, les impressions qui sont reçues à l'aide de cette seule mémoire sont généralement fugitives.

Serait-il donc plus fatigué si l'on faisait appel à sa raison dès que sa « conscience d'être » s'est affirmée ?

Allons plus loin. N'est-il pas moins fatigant pour les jeunes élèves d'apprendre à penser que d'apprendre par cœur ? La réponse eût été négative aux siècles d'empirisme. Mais, à notre époque, les méthodes *exclusivement* mnémotechniques ne semblent-elles pas autant d'anachronismes ?

Nous allons donner ici les courts exercices qui sont les axiomes de notre méthode d'enseignement, et doivent, comme tels, être appris par cœur.

C'est en brodant sur ces exercices, dont la puérilité n'est qu'apparente, que se développera, pour le plus grand bien d'une génération qui se cherche, l'initiative de l'enfant et de son éducateur.

31. *Solfions la gamme majeure*. — Soit la gamme majeure type (paragraphe 21).

Do, ré, mi, fa, sol, la, si, do (Octave)

Nous prenons le diapason sonnant le *do*, et, sans nous aider d'aucun instrument, nous établissons les sons de cette gamme, d'une voix juste, en les faisant répéter par l'enfant.

Le point d'orgue ⌒ indique que l'on doit tenir plus longtemps la note qu'il surmonte ; ce qui équivaut à la « longue » d'autrefois.

1ᵉʳ *Exercice* (Gamme diatonique majeure ascendante).

Do Ré
Do Ré Mi
Do Ré Mi Fa
Do Ré Mi Fa Sol
Do Ré Mi Fa Sol la
Do Ré Mi Fa Sol la si
Do Ré Mi Fa Sol la Si Do (Octave)

2ᵉ *Exercice* (Gamme diatonique majeure descendante).

Do (Octave) **Si**
Do Si la
Do Si la Sol
Do Si la Sol Fa
Do Si la Sol Fa Mi
Do Si la Sol Fa Mi Ré
Do Si la Sol Fa Mi Ré Do

32. — Nous avons procédé par degrés *conjoints*; autrement dit, nous avons émis les sons de la gamme dans leur suite normale.

Nous allons maintenant briser cette unité de ligne, pour séparer nettement chaque degré et fixer chaque son dans l'espace. Nous procèderons alors par degrés *disjoints*.

3ᵉ *Exercice.* Gamme ascendante.

Do Ré
Do Ré Mi.............................. Do — Mi
Do Ré Mi Fa........................ Do — Fa
Do Ré Mi Fa Sol................. Do — Sol
Do Ré Mi Fa Sol La............ Do — La
Do Ré Mi Fa Sol La Si....... Do — Si
Do Ré Mi Fa Sol La Si Do... Do — Do
(Octave)

4ᵉ *Exercice.* Gamme descendante.

Do Si
(Octave)   (Octave)
Do Si la........................... Do — la
Do Si la Sol..................... Do — Sol
Do Si la Sol Fa................ Do — Fa
Do Si la Sol Fa Mi........... Do — Mi
Do Si la Sol Fa Mi Ré....... Do — Ré
Do Si la Sol Fa Mi Ré Do... Do — Do

Nous connaissons, musicalement, la gamme majeure.

Le professeur fera répéter aux élèves ces

exercices, progressivement, sans précipitation, en veillant à ce que la justesse des intervalles soit précise, et en s'efforçant d'obtenir ce maximum de justesse avec le minimum de voix. Il s'agit d'abord que l'enfant apprenne à penser.

33. L'exercice suivant précisera la place et le rôle des notes dans la gamme, en permettant au professeur de faire suivre les sons de leur appellation tonale.

5ᵉ Exercice.

Do	**Ré**	**Do**	**M̂i**
Sol	**La**	**Sol**	**D̂o** (Octave)
Do	**Si**	**Do**	**Ŝol**
(Octave)		(Octave)	
Mi	**Fa**	**Mi**	**D̂o**

Do est, nous l'avons vu, la *tonique*. *Sol*, qui revient souvent en jeu, et, par conséquent, domine, est la *dominante*. *Mi*, servant d'intermédiaire entre do et sol, est la *médiante*. *Si*, qui, on a pu s'en apercevoir, à l'expérience, est caractérisé par sa tendance à monter à l'octave, et est doué, — pardon pour la métaphore! — d'une sensibilité spéciale, est la *sensible*. Les autres notes, moins importantes dans la gamme, tirent leur nom de leur voisinage.

Ré est sus-tonique, *fa* sous-dominante, *la* sus-dominante.

34. *Solfions la gamme mineure.* — La gamme mineure sera chantée intuitivement de la même façon.

Nous prendrons comme gamme mineure

type celle qui présente le plus de parenté avec la gamme majeure de *do*, savoir la tonalité relative de *la* mineur.

Prenons le *la* du diapason français, ou, si nous nous servons du diapason *do*, descendons par degrés conjoints jusqu'au *la*.

Soit donc la gamme :

La Si Do Ré Mi Fa Sol La (Octave)

Le *sol*, en demeurant ce qu'il était dans la gamme majeure, perdrait la qualité de sensible. En effet, il serait à distance d'un ton de l'octave. Pour que *sol* soit à un demi-ton de *la*, il faut donc le diézer. Et nous avons la gamme mineure type :

La Si Do Ré Mi Fa Sol (Dièse) **La** (Octave)

Nous désignerons le *sol* dièse sous le nom de sèl. Et nous répéterons pour la gamme mineure la série d'exercices intuitifs que nous avons adoptés pour la gamme majeure.

35. — *6ᵉ Exercice.* (Gamme mineure ascendante).

La Si
La Si Do
La Si Do Ré
La Si Do Ré Mi
La Si Do Ré Mi Fa
La Si Do Ré Mi Fa Sèl
La Si Do Ré Mi Fa Sèl La (Octave)

7e *Exercice*. — (Gamme mineure descendante).

    La Sèl
    La Sèl Fa
    La Sèl Fa Mi
    La Sèl Fa Mi Ré
    La Sèl Fa Mi Ré Do
    La Sèl Fa Mi Ré Do Si
    La Sèl Fa Mi Ré Do Si La

36. — 8e *Exercice*. (Gamme ascendante).

La Si
La Si Do . . . . La—Do
La Si Do Ré . . . . La—Ré
La Si Do Ré Mi . . . . La—Mi
La Si Do Ré Mi Fa . . . . La—Fa
La Si Do Ré Mi Fa Sèl . . . . . La—Sèl
La Si Do Ré Mi Fa Sèl La . . . La—La
                              (Octave)   (Octave)

9e *Exercice*. (Gamme descendante).

La Sèl
(Octave)
La Sèl Fa . . . . La—Fa
La Sèl Fa Mi . . . . La—Mi
La Sèl Fa Mi Ré . . . . La—Ré
La Sèl Fa Mi Ré Do . . . . La—Do
La Sèl Fa Mi Ré Do Si . . . . . . La—Si
La Sèl Fa Mi Ré Do Si La . . . . La—La

37. — Nous complétons cet ensemble par l'exercice tonal, et nous précisons le rôle des sons dans la tonalité mineure.

La   Si   La   D͡o
Mi   **FaMi**   **L͡a**   (Octave)
La   **Sèl**   **La**   **M͡i**
(Octave)   (Octave)
Do   **Ré**   **Do**   **L͡a**

La : tonique ; *mi* : dominante ; *do* : médiante ; *sèl* : sensible.

38. *La gamme chromatique.* — Les dièses de la gamme chromatique, d'après la méthode intuitive, se solfient en *è*, les bémols en *eu*. Et nous avons ainsi la gamme montante :

Do Dè Ré Rè Mi Fa Fè Sol Sèl La Lè Si Do (Octave)

la gamme descendante :

Do (Octave) **Si Seu La Leu Sol Seul Fa Mi Meu Ré Reu Do**

39. *Des différentes tonalités.* — Nous avons vu (par. 23) que chaque degré de la gamme diatonique, ou chaque degré chromatique, pouvait servir de tonique à une gamme majeure ou mineure identique à l'une des gammes types que nous venons de solfier.

L'exercice qui va suivre, basé sur ce principe, est d'une importance capitale, et nous recommandons qu'on ne l'abandonne pas sans

en avoir compris parfaitement les termes.
Toute la musique moderne est en puissance
dans ces quelques lignes.

40. *Solfions en sol, en ré*... — Bâtissons,
par exemple, une gamme majeure sur la
quinte aiguë de *do*, soit *sol* (1, 2, 3, 4, 5 = do,
ré, mi, fa, sol).

Nous avons la suite :

Sol, la, si, do, ré, mi, fa, sol

En la solfiant, nous nous apercevons que *fa*
est trop bas d'un demi-ton pour servir de sensible (voir par. 21). La tonalité majeure de
sol comportera donc un *fa* dièse, soit *fè*.

Et nous aurons la *gamme majeure en sol* :

Sol, la, si, do, ré, mi, fè, sol

Bâtissons maintenant une gamme sur la
quinte aiguë de *sol*, soit *ré*.

Nous avons la suite :

Ré mi fè sol la si do ré

Solfions.
Do est trop bas d'un demi-ton pour être
sensible. La tonalité majeure de *ré* implique
donc, outre le *fa* dièse de la gamme majeure
de *sol*, un *do* dièse ou *dè*.

Et nous avons *la gamme majeure de ré* :

Ré mi fè sol la si dè ré

En montant, de quinte en quinte (échelle montante des quintes), nous établissons successivement les tonalités majeures de :

la	avec	trois	dièses	fè, dè, sèl
mi	»	quatre	»	fè, dè, sèl, rè
si	»	cinq	»	fè, dè, sèl, rè, lè
fè	»	six	»	fè, dè, sèl, rè, lè, mè
dè	»	sept	»	fè, dè, sèl, rè, lè, mè, sè

(Ancienne méthode : fa, do, sol, rè, la, mi, si)

41. *Solfions en fa, en seu.* — Si nous repartons de *do*, et si nous allons de quinte en quinte, en descendant (échelle descendante des quintes), nous aurons d'abord *fa* pour tonique.

Bâtissons sur cette note une gamme majeure.

Fa sol la si do ré mi fa

Solfions.

Nous constatons que *mi* est dans les conditions requises pour être sensible, mais que *si* est trop haut d'un demi-ton. En effet, du 3e au 4e degré de la gamme majeure, il ne doit y avoir qu'un demi-ton (Voir par. 21). *La tonalité majeure de fa* implique donc un *si* bémol, soit *seu*.

Et nous avons :

fa sol la seu do ré mi fa

Bâtissons maintenant une gamme sur la quinte grave de *fa*, soit *seu*.

Nous avons la suite :

Seu do ré <u>mi</u> fa sol la seu

Solfions.

Mi est trop haut d'un demi-ton. *La tonalité majeure de seu* implique donc, outre le *seu* de la gamme majeure de *fa*, un *mi* bémol, soit *meu*.

Et nous avons :

Seu, do, ré, <u>meu</u>, fa, sol, la, seu

En descendant de quinte en quinte, nous établissons successivement les tonalités, majeures de :

Meu avec 3 bémols	Seu, Meu, Leu	
Leu » 4 »	Seu, Meu, Leu, Reu	
Reu » 5 »	Seu, Meu, Leu, Reu, Seul	
Seul » 6 »	Seu, Meu, Leu, Reu, Seul, Deu	
Deu » 7 »	Seu, Meu, Leu, Reu, Seul, Deu, Feu	

(Ancienne méthode : si, mi, la, ré, sol, do, fa)

42. — Chacune de ces tonalités par dièses et par bémols comporte une relative mineure dont la tonique est prise à la tierce mineure grave. Ainsi la relative mineure de *do* est *la*, celle de *sol*, *mi*, etc...

Nous nous sommes appesanti sur cet exposé qui semble de la théorie pure, parce que nous avons tenu à faire toucher du doigt ce que l'on peut attendre de la Méthode intuitive progressive. Le chapitre suivant achèvera de démontrer le bien-fondé de cette méthode.

43. *Tonulons.* — Quand on passe d'une tonalité dans une autre, soit en remplaçant certaines notes par les dièses de même nom, soit en employant les bémols, on tonule. Par exemple l'introduction du *fè* dans la tonalité de *do* majeur peut faire passer en *sol* majeur, et, inversement, l'introduction du *fa* dans la tonalité de *sol* majeur peut faire passer en *do* majeur.

Solfions.

Do ré mi fa sol
Do ré mi fa fè sol
Do ré mi fè sol

Et *vice versa.*

De même, l'introduction du *seu* dans la tonalité de *do* majeur peut faire passer en *fa* majeur, et, inversement, l'introduction du *si* dans la tonalité de *fa* majeur peut faire passer en *do* majeur.

Solfions.

Do si la sol fa
Do si seu la sol fa
Do seu la sol fa

Et *vice versa.*

44. — Si l'on passe d'un mode à un autre, on module. Les exemples, en ce sens, abondent.

La tonulation et la modulation devront faire l'objet d'une étude toute spéciale, de la part du professeur. La méthode intuitive est appelée à lui rendre les plus grands services, car elle a, sur la solmisation courante, l'avantage de représenter chaque degré chromatique par une syllabe différente, en sorte qu'appeler un son c'est en fixer, du même coup, la hauteur.

Prenons un exemple pour conclure. Dans les établissements officiels, le mot *sol* s'applique aussi bien au *sol* de la gamme diatonique de *do* qu'à *sol* dièse, qu'à *sol* bémol (sans préjudice du *sol* double dièse et du *sol* double bémol, dont nous ne parlerons pas ici). La méthode intuitive emploie trois mots distincts : *sol, sel, seul.*

D'où sa supériorité.

45. — Il est évident que nos exercices sont préliminaires. Ils comportent de longs développements, et nous mettons la dernière main à un cours complet sur ce sujet intéressant au premier chef.

La tâche du professeur sera précisément de greffer sur ces principes des exercices de plus en plus variés, en ayant soin de commenter toute particularité nouvelle. Il n'aura qu'à puiser avec à-propos dans les auteurs ; la matière ne lui fera pas défaut.

Pour notre part, nous avons déjà obtenu les plus beaux résultats en faisant solfier, à l'unisson, les phrases les plus caractéristiques de Mozart, de Beethoven, de Méhul. ....

Nous débutions par des phrases simples, comme celle qui termine la symphonie en *ut* mineur de Beethoven, par exemple :

1, 0, 3, 0 | 5, 0, .., 40 | 30, 20, 10, 20 | 1. . etc...
DO MI Sol Fa **Mi Ré Do Ré Do**

Cela nous permettait de parler de Beethoven, de l'ut mineur, de la terminaison de cette symphonie en ut majeur (comme l'indique la phrase ci-dessus), etc., etc.

Plaisir d'amour, de Martini, que nous chantions sans paroles, nous permettait de moduler de majeur en mineur.

Nous prenions encore des airs à deux ou trois voix, et, par notre mimique, nous préparions les élèves à l'intuition des nuances.

Quant à l'intuition des rythmes, il est évident qu'elle naissait tout naturellement du choix de nos exemples, en deux ou trois temps, simples ou composés. L'analyse achevait ainsi l'éducation de nos jeunes musiciens.

LA NOTATION

46. *Le son et le signe représentatif.* — Nous n'insisterons guère, dans cette brochure destinée surtout à répandre des idées et des principes que l'on connaît peu ou prou, sur la notation musicale. Les solfèges foisonnent, et, en ce qui concerne l'exposé mnémotechnique des signes, tous sont bons.

Nous voici parvenus au moment où il nous est permis, — quand il est avéré que les élèves sont suffisamment sûrs de l'appellation des sons, — de fixer le son dans la mémoire, par un signe.

47. *La notation usuelle.* — Deux notations sont généralement adoptées pour cette fin.

L'une, appelée usuelle, fut, dit-on, imaginée par Gui d'Arezzo.

Son exposé ne laisse pas d'être assez compliqué. La tradition, l'habitude, qui est une seconde nature, surtout pour le musicien, et, par-dessus tout, des considérations pratiques touchant à la bibliographie, ont prolongé l'emploi de cette notation hiéroglyphique, et fait que l'écriture musicale demeurait difficultueuse et confuse, pendant que les autres branches de l'esprit évoluaient, s'allégeaient, se simplifiaient.

Il sied donc, jusqu'à nouvel ordre, que l'on s'attache à vaincre les difficultés de cette notation, car il ne faut pas oublier qu'employée depuis des siècles, elle a servi de truchement à des générations nombreuses de compositeurs.

Ne serait-ce que pour la traduire, il est bon de la connaître.

48. *La notation chiffrée.* — Par contre, la notation chiffrée préconisée par Jean-Jacques Rousseau (Dissertation sur la musique moderne, 1742) est d'une simplicité enfantine.

Parallèlement à l'autre notation, et ce grâce aux efforts de l'école Galin-Paris-Chevé (rue Vivienne, Paris), elle fait partie, désormais, des programmes officiels.

L'Euterpe (71, rue du Cherche-Midi, Paris), a repris la théorie de Jean-Jacques dans son intégrité, et démontré que la notation chiffrée, que l'on considérait jusqu'alors comme applicable seulement à la musique vocale, était au contraire pratique pour tous les instruments, jusques et y compris les instruments chromatiques et polyphones.

Hector Berlioz, esprit clairvoyant et impartial, n'avait pas été sans pressentir l'adoption de la musique chiffrée, dont la fonction est de substituer la pensée au psittacisme et de rejeter l'automatisme au profit du raisonnement.

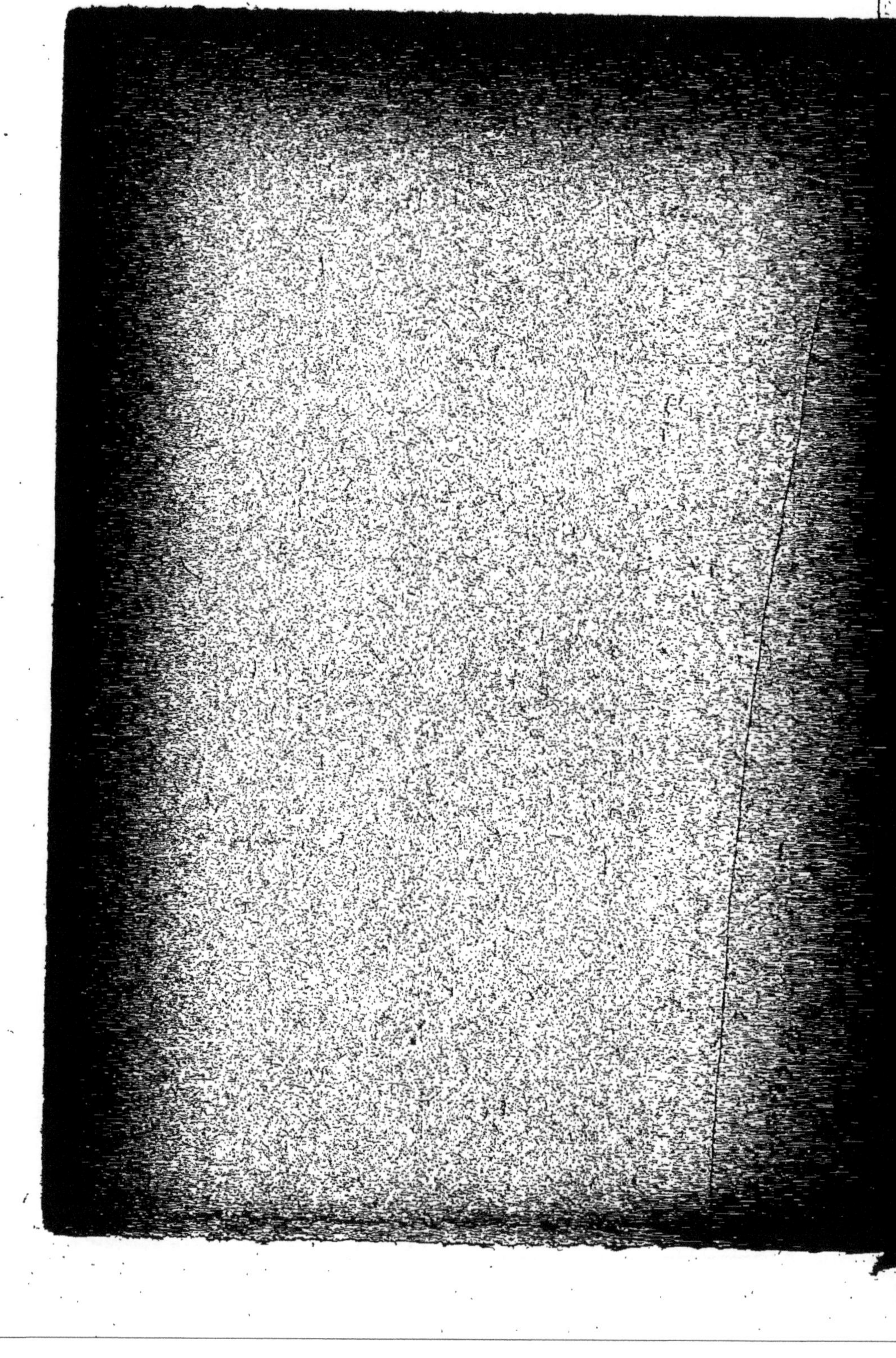

III

CONSIDÉRATIONS
PÉDAGOGIQUES

49. *Où apprendre la musique?* — Nous voici, en quelques chapitres, au courant des éléments de la musique.

La théorie, on a pu le constater, sous sa forme un peu revêche, est assez simple, surtout dépouillée de toute la phraséologie dont on encombre, généralement, les premières pages d'un solfège.

La pratique, elle, ne laisse pas de présenter quelques difficultés.

Et, ici, nous avons à aborder un problème dont on ne se préoccupe pas suffisamment lorsqu'on se propose de conduire l'enfant dans « les chemins fleuris de l'Art ». On ne voit que les fleurs, d'abord; ces fleurs cachent, bien souvent, des épines.

50. — La première question que le père doit se poser, — nous parlons, bien entendu, dans l'hypothèse, la plus fréquente, où le père n'est pas capable d'être lui-même l'éducateur de la famille, — est celle du professeur.

Question grave, à laquelle on n'attache, en général, qu'une importance secondaire, et qui, pourtant, bien ou mal résolue, peut engendrer des résultats merveilleux ou aboutir à un désastre.

Et, d'abord, l'enfant doit-il suivre un cours officiel (cours des conservatoires, cours du soir), ou bien être confié à un professeur libre ? Nous répondons, sans hésiter, qu'il faut les deux.

51. *L'enseignement officiel.* — Il faut, pour que l'élève atteigne à la technique et à la pratique indispensables, pour qu'il devienne, autrement dit, une personnalité musicale bien caractérisée, qu'un professeur s'occupe de lui, en particulier.

Mais il faut, d'autre part, qu'il se familiarise avec les ensembles, et suive, autant que possible, soit les classes des écoles, soit les cours du soir, soit, enfin, d'autres cours publics ou privés.

Pour les classes officielles, le choix est assez scabreux ; le plus souvent, il n'est point permis. L'enseignement consacré n'est pas toujours exempt de reproches. On n'y fait pas souvent appel, contrairement à ce que nous venons de préconiser au début de ce chapitre, à l'intuition de l'élève.

La mémoire y joue un rôle prépondérant, souvent au détriment de la raison.

Mais, tel quel, il n'est pas sans qualités.

Et le père, aidé du professeur qu'il aura honoré de sa confiance, devra séparer l'ivraie du bon grain, faire que l'enfant distingue, par l'exemple, ce qui est opportun de ce qui ne l'est pas.

52. *Le choix d'un professeur.* — Le choix du professeur particulier est le plus sérieux.

Un premier conseil : ne pas s'arrêter à la question d'argent.

Il est indispensable d'inculquer à l'enfant de bons principes. Des premiers mois d'étude dépend souvent tout l'avenir. Les défauts de la première heure sont, dans la plupart des cas, indéracinables.

Donc, il faut un bon professeur ; et le bon professeur se paie cher.

53. — Nous avons dit que le père ne devait pas s'arrêter à la question d'argent. Cette affirmation mérite un commentaire.

Ce qui importe, ce n'est point la quantité des leçons, mais bien leur qualité.

Que les parents, même les moins fortunés, fassent un simple calcul. Ils ont décidé de s'imposer un sacrifice, et de donner à leur enfant un professeur.

Qu'ils réduisent le nombre des leçons au minimum. Un élève apprend plus, en une heure de leçon donnée par un musicien capable et consciencieux, qu'en dix heures d'enseignement médiocre.

Disons plus : il acquiert en une heure mille

qualités, alors qu'en dix heures il se fût grevé de maints défauts.

Comment les parents pourraient-ils balancer ?

54. — Le véritable professeur, — qu'on ne l'oublie jamais ! — est celui qui entraîne le disciple vers la méditation, et l'incite à tirer parti de ses bons conseils, après la leçon, dans un labeur personnel opiniâtre.

Ces considérations viennent à propos, à une époque où l'on veut aller vite et, pour l'art, dépenser peu. Eh bien, il faut marcher avec méthode, et dépenser à bon escient ; c'est plus sûr.

Résumons :

Un professeur qui exige un franc l'heure donne quatre mauvaises leçons dans une quinzaine.

Un professeur à quatre francs l'heure donne, par quinzaine, une bonne leçon.

Déduisez vous-même !

Dans le choix du professeur, le père doit, comme tout économe avisé, disposer intelligemment de ses écus.

55. *Programme d'études.* — Une croyance assez répandue veut que tous les solfèges soient bons, et que la façon d'enseigner, seule, importe. C'est assez vrai, mais pas tout à fait cependant.

L'étude de la musique doit être progressive. Quoi de plus absurde que de passer au

complexe lorsque le simple n'est pas définiti·
vement assimilé et compris par le cerveau de
l'élève ?

Pas de démarche aventureuse ! Abandonner
l'étude d'une tonalité, par exemple, et aborder l'étude d'une tonalité voisine avant que
la première soit archiconnue, équivaut, en
mathématiques, à parler de la division sans
connaître la soustraction, dont elle est le développement, ou de la multiplication sans connaître la simple addition.

Les sons une fois fixés dans l'espace et
dans le temps, la hauteur et le rythme étant
solidement établis, la lecture couramment
pratiquée, l'écriture et la dictée acceptées
sans réticences, il faut faire appel encore, et
de plus en plus, à l'initiative de l'élève.

56. *Lecture et analyse des maîtres.* — Il
sied qu'on invite l'élève à l'analyse, qu'on
l'encourage à prendre, selon sa force, des
exemples chez les auteurs dits classiques, ou
même dans les auteurs modernes (ce qui
serait faire œuvre bien utile, car les morts
n'ont pas seuls droit à la vie), en lui donnant
des détails sur la tonalité et sa couleur
propre, en l'interrogeant sur les accidents
et les variations tonales, en lui demandant son
avis sur la place et le rôle des notes, etc., etc.

Cette analyse grammaticale, effectuée *après*
l'éducation intuitive, donnera, on peut nous en
croire, les meilleurs résultats. Elle sera, pour
le musicien qui, plus tard, se destinera à

l'enseignement ou à la composition, la base de l'analyse logique, révélatrice des secrets de la mélodie, de ses ressources expressives, en un mot, de toutes les beautés de la phrase musicale.

57. *Personnalité musicale de l'élève.* — Ainsi nous aurions un enseignement méthodique, partant de l'intuition, et s'élevant, au fur et à mesure du développement, à la conscience et à la personnalité.

Quand le « sentiment d'existence » s'affirme chez l'enfant, nous sommes en mesure de lui démontrer ce qui fait la beauté du Verbe, que ce verbe prenne sa forme précise dans la parole, ou soit commenté dans cette langue vague, propice à l'imagination et à la poésie, qu'est la musique.

58. *Solfier n'est pas crier.* — Un dernier conseil, pour clore ces quelques considérations pratiques : veillez à ce que l'enfant, en solfiant, *chante* et ne *crie* pas. Il ne suffit pas de le lui recommander, il est indispensable encore d'y veiller, et d'y veiller constamment.

Point de coups de glotte, point de *fortissimos* inutiles.

Il s'agit de fixer les sons et de marquer les rythmes. Point n'est besoin de brusquerie pour cette double fin.

Le chant en lui-même ne nuit jamais à la voix, sans excepter la voix enfantine.

Toutefois, tant qu'une voix n'est pas arrivée

à la mue et n'est pas physiologiquement au point, il y a danger, — qu'on le retienne ! — à lui demander un effort. Cet effort, on le verra, nous nous refuserons à l'exiger de l'adulte, en possession de tous ses moyens.

Énergie n'est pas synonyme d'effort.

Il faut en finir avec un abus de termes inexacts, nuisibles aux artistes et à l'art. Il est urgent que les mots reprennent leur valeur réelle, si nous voulons que la musique cesse de vivre de routine et de traditions injustifiées; si nous voulons, enfin, qu'une école de chant vienne rendre à la nature et à la raison l'intégralité de leurs droits.

Les tout petits sont des personnalités en germe. En altérant la voix des enfants, on risque de compromettre des dons souvent précieux, peut-être même leur santé, comme, en leur inculquant de faux principes, on risque fort de leur faire adopter des erreurs, dont le redressement sera, au fur et à mesure qu'ils avanceront en âge, de plus en plus difficultueux.

BONNE ET MAUVAISE
MUSIQUE

59. *Être un musicien ?* — Il ne suffit pas de connaître la musique, voire même de savoir la lire et l'écrire à fond, pour prétendre au titre de musicien.

Savoir lire une langue, savoir la lire couramment, ne veut pas dire que l'on soit capable d'en comprendre les beautés, d'en discerner la puissance et la profondeur.

Un homme instruit qui rabâche sa leçon par cœur, à la façon d'une machine parlante, est-il plus intéressant, au point de vue intellectuel, qu'un illettré qui avoue « n'y rien comprendre », et accepte ce qu'on lui dit, de bonne foi ?

Le titre de musicien, étant pris en dehors de toute acception professionnelle, ne peut être décerné qu'à celui qui sait, le cas échéant, faire preuve de *musicalité*. Celui-là peut donner, à tort ou à raison, mais en toute sincérité, et en appuyant son opinion d'arguments qui lui semblent pertinents, son avis sur telle ou telle œuvre, sur tel ou tel auteur.

Être musicien, c'est, avant tout, aimer la musique pour l'émotion qu'elle procure, c'est l'aimer subjectivement.

Le peuple, qui s'émeut en entendant deux crins-crins emplir la rue de leur rumeur, s'affirme déjà musicien.

Mais, si à cette considération subjective vient se joindre l'objective, on est armé pour faire un musicien dans toute la force du terme.

On a pu citer le cas de personnes ignorantes de la moindre notion musicale, et dont le goût pour la musique était fort prononcé. Faut-il donc être membre de l'Institut, — pardon de cette incidence paradoxale! — pour être sensible aux beautés de la langue française?

Parmi les Wagnériens de la première heure, il y eut plus de poètes, plus... de citoyens quelconques, que de musiciens. Par contre, que de cas de « forts en thème » chez lesquels le sens musical faisait totalement défaut!

60. *Bonne ou mauvaise musique.* — Or, ici, se place la question de la bonne ou de la mauvaise musique.

Pour qu'il y ait bonne ou mauvaise musique, il faudrait qu'il y eût confusion entre la science et l'art. Or, nous avons vu que la science musicale était du domaine de la mémoire.

Puisque ce qui nous intéresse en cet ouvrage est, par-dessus tout, l'art musical, qui donne tant de joies et craint les chemins ardus, puisque l'art exclut, *a priori*, toute idée de critérium, puisqu'il est, enfin, le produit de la fantaisie, les termes de bonne et mauvaise musique apparaissent comme souverainement impropres.

61. — La vérité, c'est qu'en famille, après avoir donné ou fait donner à l'enfant les premières notions de musique, les parents ont hâte de voir et d'entendre leurs chers petits jouer ou chanter quelque « morceau ».

Cela part évidemment d'un très bon naturel, mais à quel danger une telle pratique n'expose-t-elle pas !

Comme l'instrument choisi le plus volontiers est le piano, et que la main gauche du pianiste est assez rebelle, au début, il est d'usage que l'on demande à la jeune fille de la maison (le jeune homme aborde plus rarement l'étude du piano) d'exécuter devant les amis une de ces productions banales, tant au point de vue du rythme, toujours le même, qu'à celui de la mélodie, souvent très vulgaire, et que l'on désigne sous les noms de valses, polkas, pots-pourris et fantaisies.

Pourtant, cette théorie du moindre effort est détestable. Il est avéré et prouvé surabondamment que les études hâtives sont incompatibles avec un travail sérieux et efficace.

62. *Musique de bon goût*. — Mais, en admettant que l'on se borne à ne considérer la musique qu'au point de vue des genres, n'existe-t-il pas des valses intéressantes, des polkas ou des mazurkas originales, et, quant aux fantaisies, n'en est-il pas du meilleur cru ?

Dans la première catégorie, pour l'exemple citons l'*Invitation à la Valse*, de Weber, que notre Berlioz honora d'une orchestration ; dans la seconde l'œuvre immortelle de Chopin, et, dans la troisième, les admirables transcriptions des opéras de Wagner par Liszt.

Et tout cela nous amène à dire aux parents : « Il n'est de musique intéressante pour vos enfants que celle qui développe leur bon goût, en leur procurant des joies toujours neuves. Proscrivez la musique banale.

« Elle est facilement reconnaissable en ce qu'elle ne laisse aucune impression durable.

« On l'a entendue partout ; elle correspond, dans la langue française, à l'expression triviale. Votre bon sens, à ce point de vue, ne vous trompera pas ; il suffit que vous vouliez entendre sa voix discrète. »

63. — Il y a, entre la musique élevée et la rengaine, la même nuance, que disons-nous ! le même abîme qu'entre un objet d'art et la camelote.

Les difficultés ne sont rien ; mieux : elles embellissent le résultat. Un exécutant patient et perspicace arrive toujours, par le travail, à les surmonter.

Mais, à l'effet produit sur votre cœur et votre esprit, une œuvre, simple ou difficile, vous apparaîtra faible ou forte, de bon goût ou de mauvais aloi.

64. *Immortalité des chefs-d'œuvre.* — D'ailleurs, il est un plan d'épreuve, en cette matière très controversée, qui permet de juger sainement de la valeur d'une œuvre et de la sincérité de son auteur. Ce plan d'épreuve, c'est le recul du temps.

Le chef-d'œuvre violente toujours le sens commun. Ses contemporains lui résistent.

Une minorité le comprend, et s'évertue à le défendre.

Puis, à travers les siècles, une sélection s'opère.

Vous n'avez qu'à jeter un regard en arrière, pour constater que la musique banale est morte, alors que le nom de Lulli, que les noms de Bach, de Rameau, de Mozart, de Glück, puis de Méhul, de Berlioz, de Wagner, de Franck, pour ne citer que ceux-là, sont demeurés grands à tout jamais, dominant leur temps.

Les siècles passent, et il n'est pas d'année où, soit l'Opéra, soit l'Opéra-Comique de Paris, ne reprenne le *Don Juan* de Mozart. En ce même Paris qui siffla *Tannhaüser*, il y a un demi-siècle, Wagner ne triomphe-t-il pas, et les théâtres ne montent-ils pas à l'envi *Parsifal?*

De même, pour ne parler que de la France et de notre époque, après Bizet, — que le plus mordant des sophistes allemands préférait à Wagner, — Bruneau et Debussy, ces deux exemples types pris en deux genres tout différents, émergeront, sans doute, de la masse.

65. *Des genres.* — Il y a donc, et ce dans tous les genres, de la musique de bon goût. Insistons sur ces mots : dans tous les genres.

Il ne faudrait pas déduire des lignes qui précèdent que nous faisons fi de la musique légère. Nous prétendons toutefois, à l'opposé de ce que l'on pense couramment, qu'il est plus difficile d'être distingué dans ce genre que dans l'autre.

De même, l'esprit et l'humour sont des qualités beaucoup moins répandues — pour la raison majeure qu'elles sont souvent de primesaut — que les qualités tragiques.

Nous voulons dire, tout bonnement, qu'il y a gaîté et gaîté, que les gros calembours ne sont qu'une déviation de l'esprit français, et que la joie saine ne se doit jamais confondre avec la plate gaudriole.

Et, comme nous aimons les jolis chefs-d'œuvre de notre littérature, nous prisons à leur juste valeur les spirituelles piécettes de nos maîtres mélodistes, et ces comédies lyriques, dont l'opérette du second Empire et du début de la troisième République, en dépit des traditions stupides qui l'encombrent, n'a pas totalement perdu le souvenir.

Ces partitions-là peuvent, lorsque le poème ne contient point de termes grossiers, être placées impunément sur tous les pianos, introduites dans toutes les familles.

Leur lecture n'occasionnera qu'un agréable délassement ; et le délassement n'a jamais, que nous sachions, porté préjudice aux préoccupations intellectuelles. Il fut toujours, au contraire, leur plus puissant adjuvant.

66. *Le fonds commun.* — Dans cet ordre d'idées, nous possédons un fonds immense de pièces de musique de chambre, allègres et faciles, sans compter les œuvres théâtrales, les tragédies lyriques, dont l'étude, en famille, réserve maintes joies saines aux générations montantes.

Et c'est ainsi que, pour relever le goût du public, qui, nous en avons souvent fait l'expérience, au cours de nos conférences-concerts sur Berlioz, Wagner, Franck, Moussorgski, Bruneau..., apprécie l'art, quand on le lui présente, et n'absorbe les sornettes qu'à défaut de mets plus substantiel, il est opportun que le chef de famille, dont la mission n'est pas uniquement de donner la « matérielle » aux siens, mais encore de leur assurer le pain de l'esprit, préside aux études musicales de ses enfants avec discernement et méthode, en allant — nous le répétons à dessein — du simple au complexe, en commençant par la mélodie de bon goût, pour atteindre, s'il le peut, aux suprêmes hauteurs.

67. — C'est pour avoir méconnu cette règle fondamentale que les Français, doués du sens artistique le plus raffiné, en ce que leur tempérament est fait d'un heureux mélange de mesure et de verve, sont demeurés, au point de vue de l'éducation musicale, en retard sur d'autres peuples moins bien partagés quant aux dons naturels.

En Allemagne, nation qui n'est pas primesautière pour un maravédis, il n'est point si petite ville qui ne soit fière de son orchestre. Partout l'on y cultive le goût du lied, cette chanson populaire forgée par le génie, et, partout, maintes sociétés chorales, animées par une même foi, bridées par la même discipline librement consentie, développent chez le peuple la passion de l'Art.

68. *Parlons de la chanson*. — Parlons donc de la simple et naïve chanson avec laquelle nous ont bercés nos grand'mères, à une époque où la bonne chanson venait de province et, sans grande prétention littéraire, sans grande recherche musicale, exprimait toujours le sentiment juste.

La chanson est la première manifestation musicale de la vie. Elle émane de nous, elle scande nos primes joies, endort nos premières douleurs.

Il nous souvient de maintes complaintes sur la Bretagne dont « le soleil était si beau »; il nous souvient aussi de tant d'autres refrains, dont l'évocation seule suffit encore à nous tirer des larmes.

Oui, revenons à cet art primitif et sain ; abandonnons la grossièreté de la rue, vomie du café-concert.

D'intelligents artistes luttent, à l'heure présente, pour endiguer le flot de la boue qui monte. Leur arme la plus efficace sera la bonne chanson d'autrefois, restaurée, pimpante encore sous ses vieux atours. Sa vieillesse est plus apparente que réelle : car on sait que, sous ces atours, palpite l'éternelle jeunesse.

69. *Défendons nos poètes et nos chansonniers.* — Mais il y a la bonne, la belle chanson nouvelle ; et les poètes ne nous manquent pas, quoi qu'on en dise.

Notre ami, le poète Teulet, qui conserve jalousement, — ah ! sachons-lui gré de tant de constance ! — la tradition d'une époque où la belle poésie disputait à l'imbécillité l'empire de la rue, notre ami Teulet sera le dernier, croyons-nous, à nous contredire.

C'est là que naît et que chante la musique ; c'est là que se trouve en germe l'œuvre d'art promise à l'avenir.

C'est elle que, d'un cœur fraternel, nous voudrions déposer dans la bibliothèque de toutes les familles, sur la table de tous les musiciens amateurs qui n'ont pour s'accompagner que l'accordéon ou la guitare.

On dira : « Que font ici ces instruments puérils ?» L'orgue n'est pas à la portée de tout le monde ; et il n'est point d'instrument vulgaire. Toute la vulgarité réside dans la musique que l'on joue ou dans la façon dont on la joue.

Nous avons entendu tirer d'une simple guitare ou d'un biniou des sons et des phrases à rendre jaloux les plus grands « virtuoses » du piano eux-mêmes.

Puissions-nous, pour avoir osé hasarder une assertion aussi sacrilège, ne pas être, par les gens de métier, éternellement voué aux gémonies !

V

LE CHANT

70. *Prédilection générale pour le chant.* —
Le chant, pas plus du reste que la musique
elle-même, ne comporte de principes très
compliqués. Mais, comme rien n'est plus
compliqué que le simple, quand on observe
les faits sous un jour faux, il est bon, lorsqu'on
aborde un sujet aussi débattu et aussi mal
compris, d'éviter les formules nuageuses.

Il n'est point de famille où, si peu que ce
soit, à défaut d'un instrument quelconque, on
ne pratique le chant. On le pratique mal, dans
la presque unanimité des cas, mais enfin on
le pratique.

L'ouvrier et l'ouvrière chantent à l'atelier
pour « tuer le temps » et rendre le travail
manuel moins monotone ; le laboureur chante
en suivant la charrue ; la ménagère chante en
attendant le retour de l'époux... Elle chante
aussi pour bercer les petits... Cette attirance
individuelle vers la chanson la plus simplette
nous explique l'engouement dont bénéficient,

près des masses populaires, les chanteurs des rues et des cours. Au peuple, qui se contente ainsi de peu, n'est-il pas juste que l'on présente un plat plus consistant ?

71. — C'est pour tâcher de mettre en garde contre les défauts vocaux, — on pourrait même dire les vices, — devenus véritablement endémiques, que nous allons, en quelques traits, expliquer le mécanisme de la voix. Nous le ferons en toute bonne foi, sans sermonner ni plastronner. Nous travaillons pour ceux qui pensent que le mieux n'est pas toujours l'ennemi du bien.

72. *Le fonctionnement du larynx.* — Mme Cléricy du Collet, à qui nous sommes redevables de tant de travaux décisifs sur la méthode vocale naturelle, définit ainsi la voix : « ébranlement *voulu* vibrant de l'air par le souffle ».

Le phénomène vocal est, en effet, directement soumis à notre volonté. Le souffle vient des poumons, passe par le larynx qui, en l'occurrence, peut être comparé aux tuyaux sonores, et un son se produit, plus ou moins haut, selon que les muscles de ce larynx se contractent ou se dilatent, pour céder ou résister à la poussée pneumatique.

Le son ainsi émis vient frapper la cavité buccale, où, par la fusion des harmoniques (selon la loi acoustique des instruments à vent), il prend forme et précise le timbre.

C'est dans la bouche également que, par le jeu des consonnes et des voyelles, naissent les sonorités qui composent le langage.

Il faut donc éviter les obstacles à l'émission du son, si l'on veut que la voix s'épanche en toute clarté.

73. *Chanter librement.* — Et, pour qu'ainsi la voix s'épanouisse, il faut chanter librement, naturellement, de bas en haut, en évitant de serrer la gorge ou de loger les sonorités dans les joues. Il faut veiller, au contraire, à ce que les sons viennent frapper très haut la voûte palatine.

Cela ne veut pas dire qu'il faille nasiller. Nasiller, c'est infliger au son un emprisonnement bien plus cruel encore que celui de la gorge.

74. — Nous tenons à donner ici la fin de la définition du chant par Mme du Collet : « l'origine de la voix est l'air, son élément est l'air, son véhicule est l'air... »

C'est dire que la voix, contrairement à la croyance unanime, n'a pas besoin de « point d'appui ». L'appui qui brise l'élan de l'air est néfaste. Ce qu'il faut à la voix, c'est un point de visée, un point de résonance.

Cette théorie générale, toute claire et simple qu'elle soit, souffre généralement de l'absence du maître. Nous n'y insisterons donc pas outre mesure, en conseillant de ne pas prendre comme professeur de chant le premier venu, fût-il prix du Conservatoire ou vedette *in partibus* de l'Opéra.

Nous nous bornerons à donner encore quelques conseils.

75. — Il faut éviter de grossir le son et de *faire effort*. Chanter avec effort, même musicalement, c'est crier. Il est temps de réagir contre le préjugé de la force, qui n'est pas une des moindres causes de la décadence actuelle de l'art du chant. Cette décadence, nous la devons, il faut le proclamer ferme et haut, à l'école italienne moderne qui subordonne tout à l'effet grossier. C'est l'école du mauvais goût, dans la plus forte acception du terme.

L'école allemande, gutturale, a causé beaucoup moins de ravages, à ce point de vue, que l'école italienne. Si, en rejetant l'émission palatine, elle a relégué au second plan les considérations de plastique pure, le souci de la qualité vocale par exemple, elle a, du moins, éduqué les chanteurs selon les plus saines traditions, et conservé au chant toute sa valeur intime.

Mais ce que l'on appelle improprement la renaissance du « bel canto » n'est que la négation de l'art tout court.

Les vedettes italiennes qui bénéficient, à l'heure présente, de la faveur du public, entretiennent malencontreusement chez ce même public la confusion de l'effort et de la puissance.

76. — Les voix qui sont mises en jeu avec e moindre effort sont, à hauteur égale, celles qui portent le plus loin ; l'effet produit dans une salle est en raison inverse de la dépense musculaire.

Le soprano le plus ténu se fait entendre plus clairement que la basse la plus toni- truante. Ce qui prouve que, si l'intensité joue parfois un rôle, la hauteur en joue plus souvent un autre, et bien plus important.

Jean-Jacques Rousseau, quand il écrivait (*Lettre sur la musique française*) : « Dans la nécessité de se faire entendre, celui-là doit avoir le plus de voix qui peut se passer de crier... » résumait, *a priori*, la méthode orthophonique (voix droite, normale...) de Mme Cléricy du Collet.

77. *Faire porter la voix.* — Il faut donc chanter sans effort. Être maître de sa voix, c'est ne jamais dépasser les limites physiolo- giques, aussi bien dans le *forté* que dans le *piano* ; c'est se jouer des mille nuances de la musique, en demeurant dans les bornes de son tempérament et de ses ressources propres.

C'est ce juste milieu qu'il est souvent diffi- cile d'obtenir des chanteurs, des profession- nels en particulier. Il n'est pas rare de voir tel ténor léger aborder les rôles de fort ténor, au détriment de la qualité de sa voix et au grand dam de son larynx qui ne tarde pas à demander rançon.

On a cité l'exemple de célèbres chanteurs qu'on entendait peu, de près, et qui, de loin, galvanisaient le public.

Il faut donc faire porter la voix, d'abord, selon le jeu du phénomène vocal que nous venons d'exposer, en évitant de retenir le son ou de le loger dans les cavités accessoires ; ensuite viser l'endroit le plus éloigné de la salle et diriger le son vers ce point, en s'entendant toujours, sans s'écouter jamais.

Cela n'est difficile qu'en apparence.

78. *Les salles d'études*. — Avant d'entreprendre l'étude du chant, choisissez bien votre salle de travail.

Si le choix ne vous est pas permis, mettez-vous en harmonie avec l'acoustique de la chambre commune, en ne perdant jamais de vue ce principe que si la voix perd en intensité, elle gagne rapidement et facilement en richesse de timbre.

Les chanteurs maudissent l'acoustique de certaines salles. Certes, les salles au plafond bas (et malheureusement on ne tient pas souvent compte de cet argument dans les classes des Conservatoires), ainsi que les salles à galeries et colonnades, — fussent-elles grandes et propices à la libre circulation du son, — sont, généralement, peu favorables au chant facile.

Mais il ne faut rien exagérer. Quand un chanteur prend la précaution de répéter dans l'endroit même où il doit chanter, il a vite fait

de choisir un point de résonance et de réta-
blir, à volonté, l'équilibre rompu par l'ignorance, encore presque totale à ce point de vue,
des architectes.

79. *Le chant en plein air.* — Ce que nous
avons dit des salles, nous l'allons confirmer
par la pratique du chant en plein air, et ce
pour des raisons inverses.

En effet, si, dans les chambres étroites, le
son ne se répand pas librement, si, par conséquent, les voix les plus petites y sont à l'aise,
en revanche, le plein air dissémine les ondes
sonores, les éparpille, et les fortes voix, que
rarement la volonté du chanteur réfrène,
n'émettent le plus souvent que des phrases
confuses.

Là encore il sied de chanter avec méthode,
et d'éviter le choix de morceaux au mouvement précipité.

Comme on s'entend peu (surtout dans les
endroits où les arbres sont rares) par suite de
l'absence du retour vibratoire, il faut qu'on se
ménage, sous peine de fatigue et d'épuisement.
Là encore les petites voix se trouvent à l'aise.

Un gentil soprano, — qui ne l'a constaté ?
— dont l'organe a peu de puissance, se fait
toujours comprendre de loin ; les voix mâles,
de hauteur moindre mais de vigueur décu-
plée, parviennent avec peine, par contre, aux
oreilles de l'auditeur.

En résumé, la force est, en tout, digne

d'une considération secondaire. Il importe, d'abord, de savoir faire porter les sons. Cet art exige, cela va sans dire, de la volonté et du goût; il fait dédaigner la pratique qui consiste à donner « la plus grande voix ».

80. *Hygiène vocale.* — Le résultat le plus immédiat de l'étude méthodique du chant, à condition, bien entendu, qu'on ne cherche pas, comme d'aucuns le préconisent, à respirer d'une façon spéciale, est le bon fonctionnement des poumons, que l'on accoutume à débiter le souffle avec régularité.

L'influence bienfaisante du chant se fait ainsi sentir au physique comme au moral.

L'adage antique : *Une âme saine dans un corps sain,* trouve, en la circonstance, son application la plus heureuse.

Les personnes qui cultivent le chant normal respirent bien, et, par voie de conséquence (les poumons étant régénérateurs de notre sang), elles résistent mieux que les autres aux influences extérieures. Les chanteurs sont du reste, à dire d'experts, les meilleurs sujets homœopathiques.

Bien des docteurs ont déjà compris tout le parti qu'ils pouvaient tirer de la pratique du chant dans la thérapeutique et dans l'hygiène.

Donc, plus on chantera dans les familles, plus il y entrera de bonheur.

Nous sommes heureux de trouver la confirmation de ces assertions optimistes dans le précieux petit ouvrage du docteur Mermod intitulé : *La Voix et son hygiène.*

L'auteur y dit entre autres choses : « La culture de la voix par une méthode rationnelle et la bonne gymnastique respiratoire qui en est inséparable sont ce qu'il y a de mieux pour consolider une santé chancelante par le développement de la poitrine. A recommander aux jeunes filles au thorax étroit et prédisposition à la tuberculose... »

81. *Classification des voix.* — Abordons maintenant la question pratique. Il s'agit de discerner la voix de l'enfant ou de l'adulte, d'en déterminer la tessiture, par rapport au diapason, et en se référant à l'étendue générale (par. 19).

Et cela nous amène à classer les voix.

Les voix d'enfants et de femmes résonnent à l'octave supérieure des voix d'hommes.

Parmi les femmes, on distingue :

Soprano, du *do* 5 — au *do* 7
Mezzo Soprano, du *la* 4 — au *la* 6
Contralto, du *fa* 4 — au *fa* 6

Parmi les hommes :

Ténor, du *do* 4 au *do* 6
Baryton, du *la* 3 au *sol* 5
Basse, du *fa* 3 au *fa* 5

82. — Ces divisions sont générales, bien entendu, et le calcul du nombre des vibrations s'applique aux voix moyennes. Il est, en outre, plusieurs sortes de ténors (on admettait, jadis, ténors nobles et ténors gracieux ; on admet, aujourd'hui, ténors légers, demi-caractère, forts ténors), de barytons (opéra-comique, opéra), de basses (chantante, noble, bouffe, etc...), de sopranos (léger, dramatique), etc., etc.

On admet aussi des catégories, d'après les noms des artistes qui triomphèrent sur les grandes scènes et créèrent des genres : Dugazon, Galli-Marié, Falcon, Trial, Laruette, Desclauzas, etc., etc.

83. — Si le père n'est pas familiarisé avec les questions pratiques, il fera bien, afin d'éviter tout jugement hasardeux qui pourrait compromettre la voix du sujet, de consulter un homme de l'art. Le choix de ce praticien est encore plus délicat peut-être que celui du professeur de solfège.

Ne risque-t-il pas d'annihiler à jamais l'organe de l'intéressé ?

Mais, dans la masse, en dehors de toute considération de méthode, il est des hommes de métier qui ne porteront pas de jugement téméraire.

84. *Exercices simples.* — Avant d'aborder l'étude de morceaux dont les difficultés sont toujours nombreuses, surtout pour un novice, et ce quelque simplette qu'en soit la charpente musicale (par les intonations, les nuances, l'adaptation des paroles, la diction, etc...), il serait bon, même dans les familles où le chant est pratiqué pour l'amour de l'art, que l'on posât les voix, c'est-à-dire qu'on les mît au point, selon les prescriptions physiologiques que nous venons de formuler.

Il suffit, pour cela, de quelques exercices, répétés au début de chaque jour d'étude, exercices où l'intuition du père et de l'élève, — toujours à défaut du professeur, bien entendu, — doivent jouer un très grand rôle. Cela s'appelle poser la voix, ou plus exactement (car cette définition courante pourrait prêter à malentendu) la mettre au point.

85. — Il faudra d'abord dégager nettement tous les degrés chromatiques de l'organe sur la syllabe *mi*, prisme vocal.

On procédera, pour ce, par demi-tons, en montant, en partant de la note la plus grave de la tessiture générale.

Au grave, éviter soigneusement la tendance à appuyer ; à l'aigu, la tendance à pousser.

Ménager le souffle, de façon à terminer chaque phrase en plénitude vocale.

Cet exercice effectué à la satisfaction même
du sujet, le son est détaché, les organes sont

Exemple pris pour le ténor : 1 = do 4

libres, car la syllabe *mi*, en assurant l'unité à
la voix, supprime la théorie, traditionnelle et
stupide, des registres.

Le petit exercice suivant, sur *zin*, liera les
sons de la voix, en assurant à celle-ci l'indispensable homogénéité. 1. = do 4.

86. — Ces deux exercices ne suffiraient
pas, évidemment, pour faire un grand chan-

teur. Pratiqués sciemment, ils suffisent pour que l'on chante convenablement, en amateur, et.... c'est déjà quelque chose.

87. *La Diction* — Nous ne pouvons exiger de tous la discipline vocale que l'on prescrit aux gens de métier. Encore, ces derniers ne s'astreignent-ils que rarement à cette mise au point, pourtant salutaire !

Toutefois, s'il est avéré que, pour arriver à chanter clairement, il est nécessaire de dégager la voix, de la libérer de sa gangue formée par une foule d'agents extérieurs tels que fatigue, rhume, poussières, etc., il apparaît plus évident encore que, pour se faire comprendre d'auditeurs, quels qu'ils soient, il faut attacher une grande importance à la diction. Principe souvent méconnu.

Il est donc sage, au début, de choisir les chansons les plus simples, et, après avoir vocalisé ou solfié doucement la mélodie, en s'attachant à lui donner la justesse d'intonation, surtout dans les phrases descendantes qui détendent la volonté, et, par conséquent, menacent d'inciter à la paresse aussi dangereuse que l'effort, après avoir assuré au rythme, par une division intelligente de la mesure, sa valeur réelle et sa variété, il est permis d'adapter les paroles.

88. — Alors les syllabes doivent naître claires, brillantes, lorsqu'elles comportent la voyelle *i* ; jamais bouchées ni fermées,

même quand elles renferment des voyelles
assombries.

Les consonnes doivent être données avec
énergie, sans que l'articulation en soit jamais
exagérée, comme la funeste coutume s'en est
implantée dans certaines écoles. La consonne
n'est que le véhicule, le moteur plutôt. *Elle
doit sonner la note avant la voyelle,* intérieurement ; c'est là un indice de voix
posée.

89. — On a souvent oublié qu'une bonne
diction était inséparable de l'art du chant.
D'où vient la défaveur dont jouit, près d'une
grosse fraction du public, l'Opéra, sinon de
l'incompréhension totale du poème ?

Les chanteurs chantent pour eux-mêmes, en
dedans. Cela n'est point suffisant.

Il vaut mieux que la voix soit moins forte,
d'un grain moins avantageux, et la diction
nette. C'est l'avis de tous les gens sensés.

On sait — pour prendre un exemple typique emprunté au théâtre lyrique — que le
ténor qui chante le mieux le finale du premier acte de *Paillasse* est un chanteur d'expression française : Salignac.

D'où vient sa supériorité vocale (en dépit
d'un organe rebelle et plutôt délicat), sinon de *l'expression intérieure intense* du
sujet, et, par-dessus tout, de son impeccable
diction ?

Le professeur de chant devrait donc, pour
être complet, être également professeur de

déclamation : les deux pratiques sont corollaires.

90. *Chansons populaires.* — Nous voici préparés à l'art du chant. Quels morceaux choisirons-nous ?

Nos provinces ont conservé la tradition des vieilles chansons populaires, que d'adroits rhapsodes ont précieusement recueillies. C'est là, d'abord, que ceux qui entendent cultiver le chant pour l'amour de l'art doivent puiser.

Commençons par la bonne vieille chanson française notée par maint intelligent musicien, — point n'est besoin qu'il soit génial, — et nous contribuerons à perpétuer les traditions de l'esprit français, en nous préparant à cette musique de bon goût que nous préconisions tout à l'heure.

Par chanson populaire, nous n'entendons pas, — qu'on y réfléchisse ! — la chanson vulgaire. Il y a une nuance.

Si la chanson populaire n'est pas toujours très littéraire, du moins son poème est-il de bon aloi et prime-sautier. Si sa musique n'est point transcendante, elle est fine et relevée.

Que pourrait-on demander de plus à une chanson ?

91. — Deux ouvrages sont particulièrement à recommander : celui de Tiersot, d'abord, qui présente la chanson française dans sa pureté quasi intégrale (il y a là maintes chansons de nos vieilles provinces, chansons de travail, de prière, d'amour, de guerre, en un mot de quoi satisfaire tous les goûts et égayer tous les moments), et celui de Weckerlin, où l'artiste ne s'est pas contenté de recueillir les motifs, mais encore de les orner avec un art très personnel.

92. *Mélodie.* — Lorsque le compositeur, se dégageant de la masse, crée à son tour une chanson, elle porte la marque de sa personnalité : on dit que son œuvre est originale.

Cette œuvre vocale prend différents noms ; elle s'appela, autrefois, de noms aujourd'hui périmés, selon le genre, la mode, le milieu.

Mozart.

S'il s'agit de chanter simplement, pour le plaisir de chanter, comme le firent jadis les Mozart et les Haendel ; si, sans nuire à la ligne musicale, des adaptateurs peuvent, une fois l'œuvre tombée dans le domaine public, remplacer les paroles originales par une version nouvelle, de leur cru, on décore la chanson du nom général et vague de mélodie.

93. *Romance.* — La romance est un genre mieux défini.

Elle a un sens général : elle est inséparable,

ou à peu près, de ses paroles. Elle comporte, comme la chanson populaire, une division en couplets nettement tranchés, où l'idée directrice se développe avec clarté ; elle a souvent un refrain.

Ce genre, au début du xixe siècle, remplaça un instant la mélodie, et les Romantiques lui assignèrent un rôle prépondérant. On peut dire que, tout un temps, la romance à la Rupès supplanta nettement la chanson de Béranger et de Nadaud.

94. *Lied.* — La forme moderne de la romance est le lied, sorte de petit drame qui, à l'imitation de l'Allemagne, contient une idée philosophique générale. Là, l'esprit d'une race se révèle et s'affirme.

« Dans le lied, c'est le cœur qui chante, c'est la poitrine émue qui se soulève et respire. Les sujets sont de ceux qui touchent les *entrailles* de l'humanité ; c'est la mère, le fils, le travail du pêcheur, celui du mineur, la joie des fiançailles, l'aïeule mourante, l'enfant naissant... Il faut avoir vécu en Allemagne pour comprendre, par la popularité du chant, celle de la poésie, et l'*intime alliance* de l'un et de l'autre...

« Henri HEINE. »

95. *Lieds de France.* — Il y a beaucoup à faire, en France, pour que nous puissions opposer de beaux lieds à ceux de Schumann et de Brahms.

Les mélodies de Berlioz — que l'on pourrait, à certains point de vue, appeler le Schumann français — étaient déjà

Berlioz.

des lieds en germe. Mais il a fallu César Franck, et surtout Alfred Bruneau, qui, avec la collaboration de Catulle Mendès, conçut les *Lieds de France*, pour que nous soyons en mesure de soutenir la comparaison.

Ces lieds (pourquoi dire « lieder » ?), bien français par la forme et par la ligne mélodique, bien caractérisés surtout par l'esprit, sont des chefs-d'œuvre qui honorent grandement l'école française moderne.

Entre la chanson, la mélodie, la romance et le lied, le public peut choisir. Il puisera dans ce fonds commun les jouissances les plus pures.

96. *Lieds étrangers.* — Il ne faut pas oublier non plus qu'à l'étranger, — car chercher à connaître l'étranger,

Richard Wagner.

ger, c'est apprendre à mieux nous connaître, et le patrimoine des musiciens est universel, — des hommes se sont efforcés de donner à leur pays et à leur race les œuvres types qui lui manquaient.

Trois exemples méritent surtout d'être cités : celui de Grieg en Scandinavie, celui de Moussorgski chez les Slaves, et celui de Paul Gilson chez les Flamands.

Les maîtres du lied allemand sont trop connus pour que nous insistions : Schubert (surtout mélodiste), Schumann, Brahms, Wagner même, qui nous a laissé des lieds très expressifs, et Strauss.

97. *Le chant théâtral.* — Le lied sérieux nous a donné l'embryon de la musique dramatique véritable, c'est-à-dire de celle qui trouve son ultime développement au théâtre.

On sait la place, de plus en plus grande, occupée par le théâtre dans la société moderne, et plus particulièrement par le théâtre lyrique.

A Paris, par exemple, la prédilection du public pour cette forme d'art est telle, qu'après avoir vécu longtemps avec deux théâtres subventionnés, la capitale a vu naître un, deux, trois, et même quatre théâtres lyriques secondaires, sans compter les scènes de faubourg qui ont accueilli le genre par intermittence.

Il n'est donc pas de famille où l'on ne chante un air d'opéra ou d'opéra-comique, que l'on a retenu vaguement, et que... pour justifier ce dernier adverbe, on dénature.

Il est même de nombreuses familles où l'on entreprend l'exécution de ces jolis opéras-comiques en un acte qui sont autant de fleurons de l'école française. L'intention, ici encore, est excellente et mérite l'encouragement. Mais pourquoi s'arrête-t-on le plus souvent en bon chemin ?

Et pourquoi ne pas chanter cet air ou cet ouvrage théâtral de façon correcte ?

98. — L'opéra et surtout l'opéra-comique sont deux genres vraiment français. Il faut regretter que l'on n'ait pas *multiplié* les éditions de vulgarisation, tout au moins pour ce qui regarde les ouvrages consacrés par le temps et tombés dans le domaine public. Les partitions coûtent cher, surtout en France.

On a bien, il est vrai, édité certains ouvrages dans des conditions de bon marché assez abordables ; mais, seul, le chant y figure ; et, si le chant seul peut suffire dans les chansons populaires, il ne se suffit plus à lui-même dans les œuvres où l'accompagnement joue un rôle important.

Ce qu'il faudrait développer tout d'abord, parallèlement aux bibliothèques populaires où figurent les nouvelles productions de la littérature, ce sont les bibliothèques musicales publiques, contenant non seulement les ouvrages didactiques, d'un prix inabordable pour les bourses moyennes, mais encore les œuvres lyriques récemment éditées et créées.

Ce qu'il faudrait encore, c'est instituer des cours d'interprétation lyrique nombreux, où

les amateurs, stylés par des professionnels
aguerris, pourraient devenir autant de petits
artistes, d'autant plus artistes qu'ils joueraient
pour l'amour de l'art.

99. *Les répertoires.* — Établir un répertoire
de l'opéra et de l'opéra-comique nous entraînerait trop loin.

Pour l'opéra, il faudrait classer les œuvres
de deux siècles, de Ra-
meau et Mozart à Wa-
gner et Saint-Saëns, en
passant par Glück, Méhul,
Berlioz, Reyer, et aussi
par les productions, plus
faciles, de Meyerber et
de Gounod.

L'opéra-comique (du
moins c'est le nom mo-
derne que l'on accorde
au genre) comprendrait, on peut le dire, toute
la musique française, du grand siècle à nos
jours, où l'opéra-comique proprement dit
(opéra mêlé de dialogue) triomphe avec notre
grand Bizet, avec Delibes, voire avec Massenet, en passant par Boïeldieu et même
Auber.

Jean Rameau.

L'opérette, genre badin qui eût pu devenir la comédie lyrique tant rêvée, après
quelques années de fortune, durant lesquelles
brillèrent surtout les noms d'Offenbach,
d'Hervé, de Lecocq, d'Audran, est tombée dans
la charge, et les œuvres importées des pays

germaniques, œuvres où le mauvais goût régnait en maître, ont achevé sa déchéance.

Sous l'influence, enfin, de Wagner, d'une part, du naturalisme, d'autre part, s'est créé le drame lyrique, où Bruneau et Charpentier dominent, nettement distincts du wagnérisme sévère de Vincent d'Indy, pendant que, instruits par l'exemple de Moussorgski, Claude Debussy et Paul Dukas imposaient l'impressionnisme musical.

Bizet.

100. *Les ensembles en famille.* — Si la famille est nombreuse, les études de chacun de ses membres seront couronnées par la musique d'ensemble. Ici, le répertoire est à la portée de toutes les bourses, du moins le répertoire classique. On a multiplié les œuvres de vulgarisation, pour les duos, les trios, les quatuors, indépendamment des petits chœurs *a capella* (sans accompagnement) excellents pour préciser les intonations et apprendre à chanter sans jamais cesser d'entendre son partenaire.

Massenet.

Cet intéressant travail permet d'atteindre à

un « fondu » de voix, salutaire pour chacun des chanteurs, en ce sens qu'il le détourne à tout jamais de la recherche de l'effet.

En dehors des œuvres spécialement écrites pour la musique de chambre, il est évident que la lecture des jolis chœurs classiques à deux, trois, quatre voix, doit être également préconisée. Le champ d'expérience est vaste, on le voit, et point n'est besoin de recourir aux productions vulgaires pour assurer aux fatigues de l'existence un agréable dérivatif.

Saint-Saëns.

101. — A l'énumération des auteurs que nous avons cités au courant de la plume, les pères et les mères de famille se sont aisément rendu compte qu'il y avait surabondance d'œuvres, et même de chefs-d'œuvre musicaux.

Nous avions donc raison de dire qu'il était absurde de mettre en les mains des enfants des productions banales. Depuis l'air le plus ingénu, depuis *Maman dites-moi...* ou *Nous n'irons plus au bois...* ou même la délicieuse *Bergère aux champs...* jusqu'aux grands ensembles, duos, trios, quatuors, quintettes, sextuors, septuors, de chambre ou d'opéra, en passant par le chant d'église ou d'intimité, en passant également par le chant théâtral (il en est de simples : des cavatines, les airs de Zerline, de *Don Juan*, les jolis airs de Grétry, l'ariette du *Domino noir*, la cavatine des *Absents*, de Poise, les rondeaux, que sais-je ! Il en est de plus sévères, grands airs avec récitatifs, air de *Joseph* de Méhul par exemple, ou scènes entières...) il existe un répertoire innombrable et varié, et, devant cet amoncellement d'œuvres intéressantes, le plus large éclectisme s'impose. Nous reviendrons sur cette question de répertoire individuel au chapitre de l'interpétation.

102. *Chœurs d'enfants.* — Si le père peut réunir ses enfants en un chœur, quelles douces joies ne lui sont pas réservées !

Le répertoire?... Certes, ici encore, qu'il s'agisse d'œuvres tombées dans le domaine public, ou d'œuvres modernes, nous n'avons que l'embarras du choix.

Si la famille comprend également les enfants des parents proches, un bel ensemble peut être réalisé.

Les chœurs les plus simples (à l'unisson ou à deux parties) produisent souvent le plus bel effet. Nous avons obtenu des résultats intéressants avec des œuvrettes oubliées, telles que le *Rosier* de Jean-Jacques par exemple...

Parmi les modernes, Jacques Dalcroze, le grand pionnier de la gymnastique rythmique, a produit un grand nombre de chœurs enfantins fort réussis. Nous avons, d'autre part, extrait maintes chansons françaises de ce joli chef-d'œuvre de Gabriel Pierné : *Les Enfants à Bethléem*.

Puis il y a les vieux noëls de nos provinces, les chants de mai (il en existe un fort joli dans le recueil de Tiersot), les chants patriotiques de la Révolution, les chansons de cours et les madrigaux...

Puis il y a les chœurs de théâtre : le chœur des petits soldats, de *Carmen*...

Vous voyez que si nous entreprenions de dresser la liste des œuvres recommandables, il nous faudrait noircir feuilles après feuilles... des livres !

103. L'*Art choral*. — Ici se pose une question qui, de prime abord, semble quelque peu étrangère à notre sujet.

Un enfant, devenu adulte, et possédant l'acquit, le minimum d'acquit indispensable, doit-il fréquenter les sociétés chorales ?

Certes, en principe, la société chorale est un peu le prolongement naturel de l'ensemble familial.

En Belgique et dans le nord de la France, l'art choral est l'objet de préoccupations réelles. Mais il n'est pas prouvé que le but que l'on se proposait ait été atteint. En général, dans les sociétés chorales, on recherche la force plus que le fini, on sacrifie la qualité en faisant appel à l'effort. Il y a des exceptions ; elles sont rares.

A notre avis, le chant choral est à l'enfance, parce que l'art du chant lui-même tourne dans un cercle vicieux. Il n'est réglé par aucune méthode.

Nous devons à la vérité de constater que, depuis quelques années, certains apôtres ont entrepris d'infuser un sang nouveau à nos vénérables sociétés chorales, vraiment trop engluées dans la routine. Parmi ces tentatives, éminemment louables, citons celle de M. d'Estournelles de Constant, le promoteur de l'association du chant choral.

Mais, tant que l'on n'aura pas soumis les sociétés chorales au contrôle des spécialistes de la voix, cet art si intéressant piétinera sur place,

Il faut donc, momentanément, éduquer la génération par les ensembles en famille, qui, réglés dans un cadre restreint, exposent à moins de déconvenues.

Car, s'il suffit, lorsque l'on est quatre, ou même huit, de se sentir les coudes pour atteindre au « fini » des nuances, il faut, pour la manœuvre des grandes masses, une unité de vues, une cohésion, une discipline et, par-dessus tout, une direction magistrale, autant de conditions incompatibles avec l'éducation moderne du musicien.

Pour arriver au chant choral parfait, il faudrait que le travail fût préparé dans les familles, sous forme d'études isolées et d'ensembles, et, surtout, selon la même méthode d'émission naturelle. Ensuite, ces petits ensembles seraient solennellement réunis.

Peut-être, — exprimons-en l'espoir! — sera-ce là l'œuvre magnifique de l'avenir.

VI

LA MUSIQUE INSTRUMENTALE

104. — Depuis quelques années, le goût de l'étude instrumentale s'est considérablement développé en France. Sans atteindre aux résultats merveilleux obtenus en Allemagne et en Belgique, pays où la musique est pour ainsi dire l'objet d'un culte, nous avons vu se développer les cours du soir, les Académies et les Conservatoires.

Nous n'avons pas vu se développer dans la même proportion les sociétés symphoniques, et nous devons le déplorer, en souhaitant que les efforts des éducateurs s'orientent davantage vers la musique d'ensemble instrumentale.

105. *Classification.* — Les instruments de musique employés à l'orchestre moderne sont nombreux. Les progrès de la facture et les exigences des compositeurs (exigences très légitimes, du reste) en ont multiplié le nombre.

Leur classement s'opère tout naturellement

selon le mode de production du son (voir par. 3).
Cela nous amène à diviser la musique instrumentale en deux grandes classes, savoir :

1° LE TOUCHER, comprenant *les instruments
à cordes*, divisés eux-mêmes en instruments à
cordes frottées (violon, alto, violoncelle, contrebasse), à cordes pincées (harpe, famille des
mandores), à cordes frappées (piano), et en
instruments à percussion (membranes, verges,
lames et plaques).

2° LA SOUFFLERIE, comprenant (en dehors
de la voix, le premier des instruments, que
nous venons d'examiner) les *instruments à
embouchure* (trompette, cor, trombone, flûte,
et leurs dérivés) et les *instruments à anche*
(hautbois, basson, clarinette, et leurs dérivés)
et l'orgue.

L'ancienne classification, arbitrairement établie d'après la forme et la constitution d'instruments, doit donc être rejetée. On ne peut
plus dire les *bois* et les *cuivres*, puisqu'il est
démontré que la matière dont est fait l'instrument n'influe ni sur le son, ni sur le
timbre.

106. *Instruments à cordes.* — Voici,
d'abord, le tableau de la grande famille des
cordes, avec la tessiture de chaque instrument,
prise de l'aigu au grave (voir par. 19).

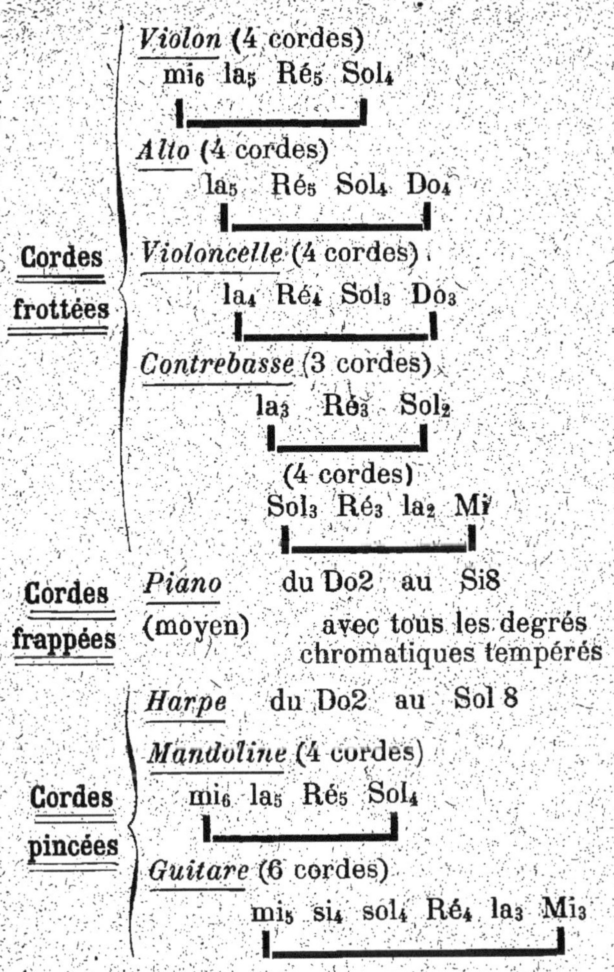

107. *Les violes.* — La viole d'amour et la viole de gambe, instruments aux sons lourés, sont, comme le clavecin, tombés en désuétude.

Certains virtuoses, seuls, de temps à autre, ont assumé la tâche de les ressusciter.

Fétis, dont l'opinion fit longtemps autorité, prétendait retrouver l'origine de ces instruments dans l'Inde. Cette allégation semble assez pertinente, si l'on tient compte que l'Inde fut le berceau de toute civilisation. Quoi qu'il en soit, le mécanisme des violes, ancêtres de la famille des violons, était assez compliqué.

Le grand nombre de leurs cordes, s'il contribuait à la richesse de leur timbre, les rendait difficilement maniables.

En simplifiant le jeu des instruments à cordes frottées, on a dû augmenter leur nombre.

Il y eut des dessus de violes, des quintes, des basses de violes.

Le violon, avec la venue de Lulli et l'institution de l'Opéra, prit rapidement la première place (xviie siècle). Depuis ce moment il ne fit que se perfectionner, grâce à la persévérance des facteurs, au premier rang desquels il faut citer Amati, de Crémone (vers 1550), puis Stradivarius (vers 1700) et Guarnerius, et grâce aussi à l'initiative de ses virtuoses.

Parmi ces derniers, on cite Tartini qui en perfectionna l'archet, et Corelli qui consacra plus particulièrement ses talents à l'étude des positions de la main.

Quant au violoncelle, successeur direct de la « viola da gamba » (ainsi nommée parce qu'elle se tenait entre les jambes), il naquit, à

vrai dire, en Italie. Sa venue en France date
du siècle de Louis XIV, et son apparition à
l'orchestre, où il n'a cessé depuis lors de
donner la réplique au violon et à l'alto (forme
moderne de la « quinte ») du début du
xviiie siècle.

Par une loi, assez constante dans la marche
du progrès, les violes, en se simplifiant, — elles
possédaient, en effet, jadis, outre leurs cordes
frottées, un certain nombre de cordes harmoniques, — ont perdu quelque peu de leur
velouté. Mais elles se sont perfectionnées sous
le rapport de la netteté et des ressources de
virtuosité.

Les instruments à cordes frappées ont suivi
une marche parallèle. Peu à peu le clavecin
disparaissait pour céder la place au piano,
dont les facteurs ont fait, pour ainsi dire,
l'instrument familial idéal.

108. *Caractère des violes.* — Les violes
sont, de tous les instruments, les plus souples,
et c'est sur eux que l'on peut vaincre les plus
grandes difficultés de mécanisme.

Leurs cordes, en effet, sont libres et doivent
être « accordées ». C'est parce que l'orchestre
s'accorde sur le *la* du violon, que cette note
a été choisie pour la confection du diapason.

Cet accord a subi parfois des variantes qui
trouvaient leur justification dans le souci
d'améliorer la sonorité. On cite l'exemple du
célèbre violoniste Paganini qui haussait parfois toutes les cordes de son instrument d'un

demi-ton, afin de se servir plus fréquemment des cordes à vide aux sonorités très claires.

Ce sont les doigts de l'exécutant qui, sur les violes, déterminent les sons, en sorte que, selon le tempérament de l'artiste, sa personnalité, sur ces instruments, s'affirme vite.

Tout le monde connaît la belle sonorité, souvent céleste, du violon ; la rondeur des sons de l'alto ; la chaleur expressive du violoncelle, dont la voix s'harmonise si bien avec la voix humaine (exemple-type : *Panis angelicus*, de César Franck), plus particulièrement avec la voix du ténor.

La contrebasse, employée pour l'accompagnement, peu propice à la pure virtuosité, est destinée à renforcer la basse de la symphonie, et, pour cette raison, doit être considérée surtout comme un instrument d'ensemble.

109. *Leur répertoire.* — Les méthodes de violon et de violoncelle sont nombreuses.

Signées de noms connus et respectés, elles sont, pour la plupart, excellentes. Aussi le choix dépend-il surtout des préférences du professeur, et nous ferons-nous scrupule de n'y point insister.

Quant à la « littérature » de ces instruments, que l'on regardera longtemps encore comme les rois de l'orchestre, elle brille par les noms des instrumentistes célèbres qui les ont si magistralement fait chanter.

Pour le violon, citons entre mille : Tartini, Corelli, Locatelli, Viotti, Kreutzer, maîtres de la *sonate* (pièce généralement divisée en quatre parties : allegro, adagio, allegretto et finale, et où l'instrument mis en jeu peut se suffire à lui-même), ainsi que Rode, de Bériot, Alard, Vieuxtemps, célèbres par leurs *concertos* (pièces symphoniques où l'orchestre a pour tâche de mettre en relief l'instrument principal choisi par le compositeur ; ces pièces sont généralement conçues en trois parties : un allegro, un andante ou adagio, un rondeau vif). Beethoven et Mendelssohn ont également écrit de remarquables pièces pour violon.

110. — Pour le violoncelle, citons Haydn, Mozart, Beethoven, Boccherini, Fesca, Max, Bruch ; les virtuoses Romberg, Servais, Franchomme, le hollandais Mendès, le hongrois Popper, les français Dupont, Lamare, Janson, Levasseur, Chevillard. La pièce la plus célèbre, à juste titre, qui ait jamais été écrite pour le « cello », est, sans contredit, le concerto de notre compatriote Lalo.

Comme on le voit par cette rapide énumération, l'élève, quel que soit l'instrument choisi, voit s'ouvrir devant lui le champ le plus vaste, soit qu'il veuille borner ses goûts à l'étude de la sonatine ou de la sonate, ou aborder le genre plus altier du concerto. En ce dernier cas, il aura soin de se préparer à la polyphonie de l'orchestre en faisant appel le plus fréquemment possible à la collaboration du piano.

111. *Le Piano.* — Le piano est, certes, l'instrument le plus en vogue. On l'a raillé souvent, d'une ironie trop facile, et certains compositeurs, dont Reyer, ne lui vouèrent pas un culte bien prononcé. Sa situation d'instrument « tempéré » ne fut certes pas étrangère à cette opinion du célèbre compositeur français.

Il convient, en cet ouvrage qui s'adresse avant tout aux familles et où nous ne devons tenir compte que de considérations pratiques, il convient que l'on réhabilite cet instrument appelé à rendre d'inappréciables services aux professionnels comme aux amateurs. Ce sont de tels services, du reste, qui sont la raison première de la faveur, — il n'est point de famille qui ne possède son piano, — dont il jouit près de la quasi-unanimité du public.

N'est-ce pas lui (au dire d'Halévy) qui, de tous les instruments, a le plus contribué à répandre la musique et à en faciliter l'étude?

Né de la harpe à clavier, de l'épinette, du clavecin, il ne fut d'abord qu'un clavecin à marteaux, connu sous le nom de pianoforte (ce nom figure encore sur la couverture de bien des éditions), et sa première apparition publique, sous la forme qui nous est aujourd'hui familière, date de 1767.

Les facteurs français, Erard et Pleyel en tête, revendiquent avec raison l'honneur d'avoir doté le monde musical des meilleurs pianos droits et des meilleurs pianos à queue,

En dehors des qualités de rondeur, de moelleux, qu'il doit à la disposition de ses marteaux et qui fait que sa sonorité est toujours complète, il faut attribuer le succès du piano à son maniement relativement facile, en dépit des apparentes difficultés de lecture.

Il est surtout polyphone, c'est-à-dire qu'il apparaît comme un orchestre en raccourci, et le compositeur en tire grand parti dans la combinaison de ses accords.

112. — La musique écrite pour piano est innombrable. Mais que de « laissés pour compte », dans cet arsenal inouï !

Notre chapitre sur la bonne et la mauvaise musique s'applique surtout à cet instrument, et l'on ne saurait trop conseiller aux parents de bannir la musique frivole et facile, au profit du répertoire classique, multiple, agréable et sévère à volonté, où le menuet de Boccherini voisine avec les nocturnes de Chopin.

Voici, au demeurant, quelques noms. La célèbre méthode Carpentier qui, par l'alternance assez judicieusement ménagée des exercices et des divertissements, jouit pendant de longues années, d'une vogue considérable, a résisté à l'injure du temps.

Il ne faut point en dire de mal. La naïveté de ses formules, qui fait sourire les pianistes aguerris (il suffit de rappeler « Maman les p'tits bateaux... ») nous a, dans une certaine mesure, préservés de l'invasion du mauvais goût.

Seule, cette méthode ne suffit pas à faire un parfait instrumentiste. Il sied qu'on la complète par les exercices purement mécaniques de Hannon, ainsi que par ceux de Czerny destinés à éclairer pour les débutants le problème, toujours délicat, du doigté. Les sonatines de Clémenti familiariseront l'élève avec les genres, les mouvements, et le prépareront à l'interprétation ; les sonates de Mozart suivront, et, progressivement, les œuvres de Hummel, Bach (Jean-Sébastien et P. Emmanuel), Schumann, Beethoven, Weber, Chopin...

Ainsi l'aspirant pianiste, pour peu qu'il soit doué de cette patience à laquelle on reconnaît les tempéraments véritables et qui est indispensable à qui veut triompher des plus grandes difficultés mécaniques, s'élèvera, petit à petit, des accords les plus simples aux traits les plus échevelés, de la beauté intime de la sonate en *ut* de Mozart, aux concertos de Beethoven, de Schumann, de Saint-Saëns et de Grieg, où un second piano pourra, le cas échéant, donner la réplique d'orchestre.

Ajoutons, pour être complet, et puisque nous avons parlé de la collaboration de deux pianistes, qu'il existe des réductions, très intelligemment faites, des symphonies de Beethoven, par exemple, pour un piano à quatre mains, et des arrangements pour deux pianos, des œuvres maîtresses de Mozart, de Wagner et, en général, de tous les grands compositeurs.

Il n'est pas jusqu'aux splendides *Variations symphoniques* de César Franck qui n'aient eu les honneurs de la transcription.

De nos jours, l'école du piano brille en France du plus pur éclat (l'école du violon aussi, d'ailleurs, où Jacques Thibaut se révèle le digne émule du belge Ysaye) avec Planté, Pugno et Diémer.

113. *Harpe et mandore.* — L'origine de la harpe (qui devrait être plus répandue, car elle est l'instrument de salon par excellence) remonte à la plus haute antiquité. Gevaert a dit, très justement, que les caractères de la harpe étaient l'idéalité et l'immatérialité. Quand elle accompagne la voix, la poésie qui se dégage de l'ensemble est divine, et Berlioz, dans *Roméo et Juliette,* en a tiré le plus beau parti.

Dans la catégorie des cordes pincées, il faut compter la famille des mandores, très rarement employées à l'orchestre (on cite l'exemple classique de la Sérénade de *Don Juan*), mais dont l'emploi en famille est assez fréquent, quoique ces instruments apparaissent un peu secs, et de ressources modestes, si on les compare aux violons.

Néanmoins, des virtuoses n'ont pas hésité, et souvent avec succès, à les employer pour la musique d'ensemble. La guitare se mêle alors assez opportunément à la sonorité de ces « estudiantinas ».

L'orchestre se complète même, avec bonheur, par l'adjonction des contrebasses, voire des timbales. Il gagnerait encore en richesse et en homogénéité si on imposait aux mandores le voisinage de la harpe. ●

114. *Les instruments à vent.* — Sauf en ce qui concerne la flûte, le hautbois et la clarinette (le saxophone n'est pas encore entré définitivement dans les mœurs), on peut dire que l'atmosphère familiale se prête mal à l'emploi des instruments à vent. Ce sont à proprement parler des instruments de concert, et, mieux encore, des instruments d'orchestre.

C'est dans l'ensemble qu'ils produisent leur plein effet, et l'on peut affirmer que le son d'une clarinette, d'un basson ou d'un cor, gagne à émerger de l'océan orchestral.

Comme le disait Gevaert, tous les instruments sont beaux ; il suffit qu'ils soient à leur place.

Nous n'insisterons donc pas outre mesure sur les instruments à vent, nous bornant à en donner plus loin un tableau assez complet, avec la tessiture de chacun d'eux.

115. — La flûte, elle, est vraiment un instrument de musique de chambre.

D'ailleurs, les grands compositeurs n'ont pas dédaigné de la joindre au quatuor, le cas échéant. De même le cor, et, quoique plus rarement, le hautbois, qui tous deux conviennent à la musique picturale, évoquent les paysages, la forêt, la plaine...

La clarinette, surtout dans le médium, donne des sons d'une suavité idéale. Mêlée à la voix, plus particulièrement à la voix de contralto, elle va droit au cœur (exemple-type : adieux de Didon à Carthage, dans les *Troyens*, de Berlioz).

Le basson se prête mal aux longs solos. Son caractère est assez barbare. Il convient plutôt aux ensembles, et double souvent le violoncelle. Il est la basse du hautbois (entre les deux extrêmes se trouvent le cor anglais et le hautbois d'amour). Toutefois, entre les mains d'un virtuose habile, il peut produire beaucoup d'effet, lorsque sa voix se détache nettement de l'ensemble (exemple : la Symphonie pastorale, de Beethoven).

116. *L'Orgue.* — L'orgue est aux instruments à vent ce que le piano est aux instruments à cordes, avec cette différence essentielle cependant qu'à l'inverse du piano dont les sonorités sont limitées au jeu des deux pédales, il se prête à mille combinaisons de timbres. Son étendue est considérable.

Instrument religieux par excellence, il rappelle les gloires les plus pures de l'école française. Citons : Franck, Guilmant, Widor...

Le diminutif de l'orgue est l'harmonium.

Il existe de petits harmoniums à 4 octaves, d'un prix abordable et dont l'emploi ne saurait être trop recommandé aux familles.

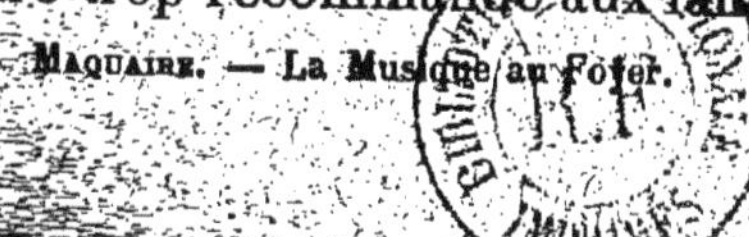

L'orgue est un instrument qui tient beaucoup de place, et c'est la raison pour laquelle il est rarement sorti de l'église. L'harmonium, en revanche, est plus facilement transportable que le piano. Sa sonorité mêlée à celle de ce dernier instrument, et surtout lorsqu'elle accompagne la voix, appelle à la méditation.

117. *Les instruments à vent.*

Embouchures :

- *Trompette* — $f\grave{e}_4$ à mi_7
- *Cor* — $f\grave{e}_3$ à do_7
- *Trombone* — mi_3 à $r\acute{e}_6$
- *Flûte* — do_5 à la_7

Anches :

- *Clarinette* — Mi_4 à la_7
- *Hautbois* — si_4 à sol_7
- *Basson* — seu_2 à me_6

Orgue (à tuyaux et à anches libres). Étendue générale avec tous les degrés chromatiques (par. 19).

118. *Instruments dits chromatiques.* — Nous avons à dire un mot, ne serait-ce que pour mémoire, — car il faut être de son époque, — d'une catégorie d'instruments très en faveur depuis l'odyssée wagnérienne.

Avec les trouvailles et les audaces des compositeurs modernes, il a fallu développer les ressources instrumentales.

Déjà la harpe s'est libérée par la suppression du jeu fort gênant des pédales. La harpe chromatique possède aujourd'hui la même échelle, ou presque, que le piano. Elle a été l'objet de soins minutieux dans la facture. Cependant, un de ces préjugés stupides qui font florès dans le monde des musiciens, et en particulier chez les officiels, l'a tenue quelque peu à l'écart.

C'est une erreur contre laquelle doivent s'élever tous les gens de progrès.

Mais c'est surtout dans ce que l'on appelait jadis les « cuivres », que les perfectionnements les plus frappants ont été réalisés. Après la flûte et la clarinette, qui sortirent de l'enfance diatonique de jadis, les cors, les trompettes et les trombones sont enfin devenus des instruments à ressources. Sax a attaché son nom à cette révolution dont on n'a pas encore suffisamment apprécié les conséquences. Par le jeu des pistons, il a réduit ou augmenté les tuyaux à volonté.

Or, comme la hauteur des sons, dans les tuyaux, est en raison inverse de leur longueur, on voit de suite les résultats pratiques de la découverte de Sax.

Les instruments simples ou à coulisse sont destinés à disparaître. Mais, comme pour la harpe chromatique, un préjugé courant retarde encore cette fatale échéance.

119. *Batterie.* — On entend, en général, par batterie, les instruments à percussion qui servent surtout à marquer le rythme de l'harmonie accompagnante. Parmi ces instruments, les uns, comme les cloches et la timbale, rendent des sons bien définis, mais peu nombreux (il y a, le plus souvent, deux timbales à l'orchestre), les autres comme le tambour, la caisse, les cimbales, les castagnettes, etc., battent les temps, mais donnent des sons confus. Contrairement à la croyance établie, l'instrumentiste préposé à la batterie doit être un parfait musicien.

La création d'une classe de batterie au Conservatoire est de date récente. Les compositeurs attachent une grande importance au toucher du timbalier, dont la brutalité ou la mièvrerie peut détruire, en une seconde, l'effet produit par l'ensemble symphonique.

120. *L'ensemble instrumental.* — Ce que nous avons dit pour l'ensemble vocal s'applique, *a fortiori*, à l'ensemble instrumental.

Il existe chez Mozart des quatuors délicieux, dont la lecture sera propice au développement de la personnalité chez les artistes en herbe.

Et, quand la sonorité du piano viendra se mêler à ce concert, en un quintette, nous obtiendrons, en dépit du tempérament (peut-être même à cause de lui, et, ici, nous pourrions développer le problème des timbres), des ensembles d'un intérêt souvent très attachant.

Parents, c'est là que vous trouverez les joies les plus nobles. Encouragez vos enfants à la pratique de ces leçons réconfortantes.

Au surplus, ce n'est pas en vain que nous avons passé en revue les divers instruments qu'un enfant peut pratiquer. L'étude individuelle et le travail familial sont les meilleurs polégomènes des grands travaux d'ensemble.

121. — On sait que la réunion des cordes seules s'appelle « quatuor ».

L'union des cordes, des vents et de la percussion constitue la symphonie. La symphonie triomphe, à Paris, dans les grands concerts, dont la vogue fut, ces dernières années, aussi remarquable que celle du théâtre lyrique. Qui de vous n'est allé, chez Colonne ou chez Lamoureux, entendre les magnifiques symphonies de Beethoven ou la *Damnation de Faust*, gloire de l'école française ?

En province, peu à peu, les grands concerts se sont développés également.

Cependant, les sociétés symphoniques pourraient être plus nombreuses.

Le travail d'ensemble est toujours profitable

à chacun des exécutants, sous une direction éclairée. L'instrumentiste n'y court pas, à beaucoup près, les mêmes dangers que le chanteur.

Quant à la musique d'harmonie, composée exclusivement d'instruments à vent et à percussion (les musiques militaires y ont ajouté parfois la contrebasse à cordes), elle est également fort intéressante, quoique d'un genre moins relevé.

La fanfare est plus limitée dans ses effets. Elle comprend, exclusivement, ce que l'on appelait autrefois les « cuivres ». Elle mériterait une considération meilleure que celle qui lui est accordée dans les provinces. Le développement des instruments à pistons lui permet, désormais, de sortir de l'enfance et de vivre sa vie propre. Quoi qu'il en soit, l'harmonie et la fanfare sont, avant tout, des instruments de force, propices aux grandes envolées, aux marches, à l'accompagnement des formidables ensembles qu'impose une exécution de plein air.

122. *Union des voix et des instruments.* — Si la voix réduite à ses seuls moyens est susceptible de produire les plus douces émotions (le chant *a capella* en est une preuve flagrante) autant par la chaleur communicative de son timbre que par le Verbe qu'elle fait éclore ; si, d'autre part, les instruments réunis peuvent « parler à l'âme », pour autant que nous en ayons jugé à l'audition d'une sympho-

nie de Beethoven ou de Berlioz, il n'en est
pas moins vrai que l'impression musicale la
plus forte est toujours réalisée par l'union
des instruments et des voix. La participation
à l'ensemble donne à celui-ci une forme con-
crète. Et si l'abstrait a souvent ses charmes, il
risquerait, à la longue, de manquer de vie et
de variété.

Nous ne pouvons que conseiller, dans les
familles, la pratique de l'ensemble à la fois
vocal et instrumental. Le répertoire est riche
en œuvres sublimes.

123. *Le Phonographe.* — C'est le moment
de parler, enfin, du plus terrible concurrent de
la musique au foyer. Sans trop médire d'un
instrument qui a la portée d'une grande découverte, et qui, dans certains domaines (l'industrie et le commerce, par exemple), est appelé
à rendre les plus réels services, comme le
cinématographe, d'ailleurs, dont il sera le
complément inévitable, on peut regretter
que l'usage du phonographe ait incité les
pères de famille à la paresse, et quelque
peu altéré le goût de la musique pour elle-
même.

A une époque où les sports ont pris une
place prépondérante, le phonographe n'achève-
t-il pas de tuer la musique? Malgré tous les
perfectionnements dont cet appareil a été
l'objet, il n'est pas encore, loin de là, digne de
remplacer la voix et les instruments. En dépit
des progrès réalisés au point de vue de la

facture, ne donne-t-il pas toujours l'impression d'une machine ?

Or, la musique est faite, précisément, pour développer l'intuition, l'intelligence et la volonté. Elle tend, par l'exercice personnel, à faire naître en chacun le goût du beau, et rien ne vaut, pour cette fin, la culture individuelle.

Que l'on emploie donc, à la rigueur, — mais avec quelle prudence ! — le phonographe en tant qu'instrument de vulgarisation, qu'il contribue à révéler aux familles que des raisons majeures tiennent éloignées des grands centres ou des grandes solennités musicales, les œuvres de nos compositeurs et les voix de nos chanteurs (c'est surtout à ce dernier point de vue que l'instrument est imparfait encore), mais qu'il ne détourne jamais parents et enfants de la pratique individuelle et des ensembles. C'est le vœu le plus ardent que puissent émettre tous ceux qui aiment la musique pour elle-même, pour l'originalité, la puissance d'expression, toujours renouvelée, que donne à l'œuvre interprétée la personnalité de l'artiste qui interprète.

Quand le génie créateur, — le compositeur, en l'occurrence, — est secondé par un interprète de génie, l'œuvre d'art atteint son but. Par elle, l'homme tend incessamment vers la perfection.

124. *L'achat d'un instrument.* — Nous ne saurions clore ce chapitre, relatif à la musique

instrumentale, sans mettre en garde les
parents contre un danger, tout aussi redou-
dable que celui du mauvais professeur, à
savoir le choix d'un mauvais instrument.

Depuis un siècle, les facteurs français ont
pris nettement la première place. On peut dire
que, sur le marché mondial, leurs modèles
jouissent de la faveur de tous les gens de goût.

Nous citions tout à l'heure les noms de Sax,
d'Erard, de Pleyel... Nous pourrions y ajouter
ceux des Besson, des Thibouville, de tous ceux
qui, en petit ou en grand, défendent victo-
rieusement, partout, cette branche importante
de l'industrie française.

Il n'est donc point opportun de chercher
loin ce que nous avons tout près. Depuis l'époque des Stradivarius, dont la gloire fut faite
surtout de l'état d'enfance où se trouvait alors
la facture instrumentale, des siècles se sont
écoulés. Les sonorités de nos violons et de nos
violoncelles, celles de nos « bois », universel-
lement reconnues, même en Allemagne, et
dont les concours annuels du Conservatoire
révèlent toujours davantage la supériorité,
celles de nos trompettes, de nos cors et de nos
trombones, sont vantées par les solistes et les
virtuoses du monde entier.

Mais... il y a un mais! ici, comme en tout,
le bon marché est souvent cher. Il est évident
que plus le prix d'un instrument est élevé, plus
sa facture est soignée ; plus aussi sa sonorité
sera remarquable, et plus l'élève l'affection-
nera. On voit que tout se tient.

S'il s'agit d'un instrument simple, un sacrifice supplémentaire d'une cinquantaine de francs suffira parfois pour doter l'enfant d'un outil précieux. Quant aux instruments plus compliqués, tels que le piano, par exemple, depuis quelques années nos grandes maisons, comprenant quelles ressources elles pourraient tirer d'un crédit intelligemment organisé, ont institué des locations-ventes avantageuses.

Les parents ne doivent pas oublier que l'instrument de leur enfant est un capital, au même titre que son bagage intellectuel, et que, si lourd qu'il soit, un sacrifice n'est jamais vain.

S'ils ne peuvent assumer ce sacrifice d'un seul coup, du moins qu'ils divisent leur effort, et s'ingénient à doter le jeune artiste d'une arme à l'aide de laquelle il sera en mesure d'affronter tous les combats.

Ceci ne concerne, évidemment, que le cas où l'enfant atteint l'âge, et présente les aptitudes physiques, qui permettent l'achat d'un instrument complet. Il existe, pour les enfants, des instruments en miniature, dont le prix est à la portée de toutes les bourses et dont l'emploi ne doit être, somme toute, que provisoire.

———

VII

L'INTERPRÉTATION

125. — Toute question d'affinités person-
nelles et de tempérament mise à part, lorsqu'un élève se dispose à interpréter l'œuvre
d'un compositeur, c'est-à-dire à faire revivre,
d'un peu de son âme, la pensée du génie
créateur, il a pour premier devoir de s'astrein-
dre, non seulement à une méditation prélimi-
naire d'où naîtront maintes vues d'ensemble
sur le caractère du morceau, mais encore au
respect de lois, de règles, d'ordre mécanique
ou intellectuel, qui rendront sa tâche d'autant
plus élevée qu'il les enfreindra moins au cours
de l'exécution.

C'est par cette harmonie, par cette étroite
et constante alliance du tempérament et de la
méthode, que vit toute interprétation.

Et ce que nous considérons comme primor-
dial chez l'aspirant artiste, chez celui qui se
propose d'appliquer dans la vie courante les
leçons qu'il aura eu la bonne fortune de suivre
dans l'intimité du foyer, nous voudrions le

voir pris en considération, — et pourquoi pas ?
— par celle ou celui qui, au fil de la besogne
quotidienne, n'a d'autre visée que de chanter
pour chanter.

Dès que l'on se propose d'interpréter un
auteur, pourquoi ne pas l'interpréter convenablement, c'est-à-dire en donnant à la « note »
sa valeur réelle, et à la phrase musicale
l'intention voulue ?

Prenons des exemples dans les divers genres.

126. *Chansons d'enfants.* — On s'imagine
assez couramment que les chansons enfantines, parce qu'elles sont enfantines, doivent
être chantées de façon monotone. C'est là
encore une grosse erreur.

Précisément parce qu'elles sont interprétées
par des enfants, il sied qu'on en fasse ressortir
les traits principaux. Pourquoi ne s'efforce-
t-on pas d'inculquer à ces chanteurs en herbe
le goût de l'interprétation ? En France, où
précisément il n'est point de chanson, aussi
naïve soit-elle, qui n'ait son trait d'esprit, le
champ d'expérience est vaste. Qu'il s'agisse
de rondes simplettes (les chansons d'enfants
gagnent toujours à être accompagnées de
danses) telles que : *Dans mon jardin j'ai un
rosier...* qu'il s'agisse encore de la réplique :
Gentil coquelicot, mesdames... il ne manque
point de réflexions à faire ressortir.

127. — Mais il n'est point réservé aux
enfants que la seule chanson populaire. J'ai

beaucoup obtenu de mes petits élèves en leur permettant de chanter, entre deux lectures de solfège, la chanson du berger Andreloun, de *Mireille*. On sait que cette charmante page est une des mieux venues d'entre les innombrables que nous devions à Gounod.

A l'heure où le cinquantenaire de *Mireille* vient précisément d'être célébré, il n'est pas inopportun que l'on fasse revivre, en les chantant comme ils le méritent, les plus jolis morceaux de notre fonds commun.

Gounod.

Le chant du berger est très simple, au point de vue strictement musical. Un enfant de six ou sept ans, doué d'un soprano moyen, est donc capable, non seulement de le chanter, mais encore d'en comprendre les termes. Profitons de l'occasion qui se présente, surtout, pour disséquer l'œuvrette, d'abord au point de vue tonal, puis au point de vue rythmique.

Quand la musique est sue, nous faisons réciter le poème par notre petit élève, en lui donnant le sens exact des mots qu'il prononce.

Enfin, nous adaptons les paroles à la musique. Cette dernière épreuve est, de beaucoup, la plus facile. Dès qu'il comprend, l'enfant interprète ; et le voilà qui chante, doucement, à l'aise, sans effort :

Le jour se lève et fait pâlir...

Pour terminer doucement encore, plus doucement, en rêvant :

Je vais reprendre mon sommeil !
Ah !...

128. *Chanson triste.* — Puisons maintenant, pour les adultes et les « grands », dans le recueil de mélodies populaires des provinces de France, de Tiersot. Voici *Pierre et sa mie...*, chanson mélancolique, de charpente musicale très simple : un six-huit modéré, les sept notes de la gamme mineure, aucune difficulté de rythme ni d'intonation.

Il est certain que pour donner à ce petit chef-d'œuvre toute sa valeur, il faut « l'interpréter », dans toute la force du terme, c'est-à-dire apporter au génie populaire qui l'a conçu l'hommage d'une collaboration personnelle et originale.

Le premier couplet est un exposé très simple. Mots en valeur : *sept ans* (insister un peu sur la seconde fois) ; *sa mie* ; *qui s'meurt de regrets* (insister encore sur la seconde fois, en traînant légèrement).

Deuxième couplet. Dire la première partie allégrement, insistant sur « *les fleurs* » ; la seconde, plus lentement et tristement, en ralentissant et attristant encore la reprise de la phrase : *l'était pleine de pleurs.*

Troisième couplet. A dire assez vivement ; à peine ralentir, à la dernière phrase.

Quatrième couplet. Bien déclamé. C'est ici que commence à se préciser le petit drame.

Donner une grande importance à l'évocation des cloches... puis mettre dans « *laissez-moi l'embrasser* », la seconde fois surtout, beaucoup d'expression dramatique.

Au cinquième couplet, dit plus lentement, soupirer avec Pierre... puis mourir avec lui, et finir dans un souffle.

Quant au cinquième couplet, qui est la conclusion, il doit être dit simplement, en insistant néanmoins un peu sur « *tant* » et en ralentissant beaucoup sur la reprise de « *sont morts tous les deux* », afin de donner à la chute, à la péroraison musicale, toute sa valeur archaïque...

Tout ce que nous venons de dire prouve à l'évidence qu'une chanson ne vit pas seulement par son « air », mais encore, et bien plus, par la façon dont chaque phrase est ponctuée.

129. *Chanson sentimentale.* — Prenons la jolie chanson, due à la collaboration de Florian et de... Marie-Antoinette (oui dà !... et pourquoi non ? N'existe-t-il pas une chanson superbe due à la collaboration de Jean-Jacques Rousseau et de... François 1er ?) et intitulée : *C'est mon ami.*

Vous trouverez cette chanson partout, car elle a eu plusieurs fois les honneurs de l'édition populaire.

Premier couplet : Déjà sur le *Ah !*... qu'il faut détacher (suspendre, après cette exclamation, la respiration) mettre une petite pointe d'esprit, mêlée d'amour. Nous sommes, il ne faut pas l'oublier, à l'époque des bergères de cour, du genre immortalisé par Watteau, de la grâce légère mais un tantinet convention-nelle. Il sied donc que l'on pimente le style d'un peu d'afféterie.

Exposez bien la situation, en accélérant un peu sur « *qu'on chérisse* », et en reprenant le mouvement (régulièrement balancé) sur « *qu'on aime ensuite davantage* », phrase où le crescendo permet de mettre toute l'expres-sion voulue, à condition de ralentir beaucoup sur la fin de « *davantage* », et de bien exécu-ter, avec aisance, le grupetto en trille : si do si — la si do.

Puis, au refrain, revenez au mouvement et ne ralentissez, en insistant, que sur « *j'ai son amour, il a ma foi* », et en donnant du corps à la phrase par la liaison des notes.

La chute du refrain s'agrémentera d'un cres-cendo et d'un decrescendo, et, comme d'usage, d'un ralenti assez prononcé sur les trois der-nières notes.

Les autres couplets vivront si l'interprète s'ingénie à souligner, musicalement, le sens des paroles. C'est un exercice que nous pou-vons laisser maintenant à son initiative.

Nous recommandons simplement de bien donner toute sa valeur à la fin du dernier refrain, pour laisser l'auditeur éventuel (soi-même, à défaut d'autre auditeur) sur la bonne impression, et de mettre toute son âme dans « *Oh ! c'est bien lui...* »

Cette chanson est charmante. Elle est simple, chantante, et remplacerait avantageusement les sornettes qui, depuis quelques années, emplissent la rue.

130. *Chanson moderne.* — Voici maintenant, — car il ne faut pas oublier nos modernes chansonniers, — pour bien différencier deux époques qui s'opposent (c'est pour cela, souvent, et c'est grand dommage, qu'elles ont tant de peine à se comprendre) une des plus jolies chansons de Paul Delmet. Comme elle est de style plus distingué que tant d'autres du même auteur, dont le nom, ainsi que celui de Privas, de Teulet, évoque l'âge d'or du « Chat noir » (ce chant du cygne de la belle gaîté française), elle est également la moins connue du public. Elle a pour titre : *Tu m'apparus* ». La poésie est de Millanvoye.

Comme les chansons d'autrefois, elle est composée de plusieurs couplets (trois, en l'occurrence) sur le même air. D'où une fois encore la nécessité de varier l'expression. Ici la tâche est facilitée par le compositeur qui a pris soin d'indiquer scrupuleusement les nuances.

Il suffira donc, pour honorer cette chanson d'une interprétation personnelle, de donner une intonation différente à chaque couplet : jeune, amoureuse, spontanée (l'intonation propre au poète qui jette à pleines gerbes les fleurs de ses hémistiches), pour le premier ; plus sévère, plus froidement sentimentale, plus sentencieuse (comme il sied à un vieillard qui

se souvient) pour le second ; enfin solennelle,
pleine de foi, affirmative (ne s'agit-il pas de
proclamer que les amours sont éternelles ?),
pour le troisième.

Cette chanson produit, — vous pouvez m'en
croire ! — le plus bel effet. Elle chante
l'amour sans prétention... et c'est encore
à ce coin que sont frappées les œuvres du-
rables.

131. *Toutes les chansons.* — A côté de ce
répertoire sentimental et passionné, où triomphe le génie de la race latine fait d'une heureuse harmonie d'enthousiasme et de clarté,
il est un répertoire nombreux, varié, de chansons de bravoure, de chansons à boire, de
couplets destinés à célébrer les bienfaits de
la nature, le retour du printemps, en général
la joie de vivre.

Il est aussi des Berceuses (celle de Schubert
et celle de Bruneau, à un siècle de distance)
qui, chantées d'une voix douce, embelliront
le sommeil de l'enfant...

Ces chansons, évidemment, ne seront pas
toutes interprétées sur le même « ton », et je
ne voudrais pas faire à mes lecteurs, pas
plus qu'à mes lectrices, l'injure de penser
qu'ils ne font pas de différence entre une
marche guerrière (comme, par exemple, les
Dragons du Roy, de Arthur Marye), et le
Mai, joli mois de mai... recueilli par Tiersot.
On ne chante pas, cela se conçoit, *Golinette*
comme *Les Tambours du Régiment* (encore

une chanson simplette qui ne vit que par le style de l'interprète).

Mais, si nous nous sommes permis d'insister sur ce sujet, c'est que l'on ne saurait trop réagir contre la tendance, qui se manifeste depuis quelque temps, et qui consiste à confondre les genres, et, avec les genres, les styles.

Efforçons-nous de conserver aux belles chansons de notre douce France leur caractère propre, avec la même foi qui, d'autre part, nous anime quand nous nous efforçons de convaincre les filles de nos provinces qu'elles ont tort d'abandonner les jolies coiffes qui les ensoleillent.

132. *Chantons un lied.* — Prenons maintenant un de ces lieds, véritables synthèses de la chanson, que nous devons à la collaboration de Catulle Mendès et d'Alfred Bruneau...

Nous pourrions, aussi opportunément, puiser dans le fonds de Bizet, de Chabrier, d'Alexandre George, de Duparc...

Nous aurions pu, sans doute, remonter plus loin, à Franck, à Wagner même, qui nous a laissé quelques lieds que l'on ne connaît pas encore assez (citons *Les Deux Grenadiers*, plus dramatiques que ceux de Schumann); à Schumann, à Schubert (quelle belle leçon que de tenter l'interprétation de la *Truite!*); nous aurions pu également démontrer que l'on ne chante pas dans le même style *l'Absence* de Beethoven et celle de Berlioz...

Voici, de Bruneau, l'*Heureux Vagabond.*

Nous nous trouvons bien en présence d'un véritable lied. En effet, non seulement le morceau renferme une idée philosophique originale, mais encore chaque couplet, au lieu de n'être qu'anecdotique, comme dans la simple chanson, nous révèle un petit drame intime.

Il faut donc interpréter ce lied, non comme une chanson, mais comme un drame. Les mots seuls n'indiquent-ils pas suffisamment la nuance?

A la lecture du premier couplet, nous constatons déjà qu'en ce lied (et c'est ce qui fait sa belle originalité) certains mots ont une valeur tout à fait extérieure. Ce sont, en quelque sorte, des notes de passage, ou d'agrément. Ainsi : *lirelin, lirelan, lireli...* Ces mots doivent être dits de façon dégagée, quand ils soulignent une constatation : par exemple, *Dans mon sac, j'ai du pain blanc... lirelan !...* et, en revanche, dans la suite, ils prendront une valeur d'insistance, quand ils viendront après une phrase expressive, telle que : *j'ai dans mon cœur joli... lireli !*

De même la parenthèse : *chante rossignol...* doit être chantée, selon la phrase qui précède, avec désinvolture ou de façon très sentimentale.

Le dernier couplet, à lui seul, est un chef-d'œuvre. En effet, le vagabond avait dans son sac du pain blanc, il l'a donné à un pauvre ; en sa poche il avait trois écus, un voleur les lui a pris ; le voilà donc, sur la route, exposé à mourir de faim... Qu'importe ! N'a-t-il pas, *dans son cœur pleurant* (*chante rossignol, chante en soupirant*), n'a-t-il pas, *dans son cœur mourant, lirelan...* sa mie ?

Les amateurs ne chantent pas assez les morceaux qui, comme celui-ci, les incitent à souligner la musique d'intentions multipliées. C'est à ce goût pour le lied, né du génie de la race, que les Allemands attribuent, à juste titre, le culte que, dans leur pays, l'on a voué à la musique.

133. *Duos, ensembles.* — Passons sur l'opéra-comique et l'opéra, dont les airs peuvent s'entendre journellement au théâtre. Ici, la meilleure école est la pratique, et l'on peut dire que c'est surtout en fréquentant le théâtre lyrique que les amateurs acquièrent le goût du style.

De même lorsqu'il s'agit d'interpréter des duos, trios ou quatuors vocaux détachés d'œuvres théâtrales.

Toutefois, dans les familles, il est un répertoire que l'on pourrait utilement remettre en valeur : celui de Grétry. Il contient une foule de couplets aimables...

Nous bornerons donc notre documentation à des œuvres plus modestes, moins entendues, et, partant, plus difficiles.

Maintes chansons françaises ont été, fort heureusement, arrangées en duos. Tel est le cas de *Colinette*, dont nous parlions tout à l'heure.

Mais rien n'est plus charmant que cette *Petite Lingère* que nous a présentée Weckerlin. Après quelque huit mesures de couplet, où la voix masculine répond à la voix féminine, de façon très spirituelle, se répète le refrain.

Il est nécessaire, sous peine de monotonie, — écueil qu'il faut éviter à tout prix, — de varier l'intonation. Le couplet, par son texte, imposera aisément cette variété.

134. Nous avons dit que des joies saines étaient réservées au père de famille qui pourrait réunir ses enfants en chœur, et nous recommandions tout spécialement les chœurs *a capella*.

En voici un, extrait de la collection de Gevaert, éditée chez Lemoine. C'est une vieille chanson française, que l'ancien directeur du Conservatoire de Bruxelles a, très judicieusement, arrangée en chœur : *Le temps passé.*

Qui ne connaît cet air si caractéristique :

> Rappelons la souvenance
> Du bon temps passé...

La première phrase, esquissée par le soprano et l'alto, doit être chantée très *piano*. Le ténor et la basse, qui viennent en souligner la chute, n'en doivent pas troubler la quiétude. A la modulation en ré majeur, par l'entrée du *dé* (voir par. 40), la mélodie doit être très en dehors, et l'harmonie des trois parties accompagnantes très soutenue. Les quatre parties marchent, du reste, suivant le même rythme, sans la moindre intention fuguée... Reprenez alors le refrain; la première phrase, *piano*, comme au début; la seconde soutenue, cette fois hardiment, par les voix masculines; plus fort et en alourdissant de plus en plus vers la fin.

Prenez le second couplet avec les mêmes nuances, et marquez davantage encore la dernière période du refrain.

Dans le même recueil, dont nous conseillons fortement la lecture, on trouvera : *Les paysans de Chatou à leur seigneur, Brunette, Le mai, Félicité passée*, etc...

Toutes ces chansons françaises sont du meilleur goût.

135. *L'interprétation instrumentale.* — Les mots, il faut le reconnaître, facilitent grandement la tâche de l'interprète. Un instrumentiste ne peut compter, en revanche, que sur son tempérament propre, sur son goût intime, pour donner à la phrase musicale toute la valeur qu'elle comporte.

Nous ne pouvons analyser en détail, — car cela excèderait notre cadre, — cette question très complexe de l'interprétation instrumentale. Nous nous bornerons donc à donner deux ou trois exemples-types, à seule fin de démontrer que, plus encore que dans le chant, une mélodie ne vit que par la personnalité de celui qui l'exécute.

L'art musical présente, en effet, cette particularité de ne pouvoir vivre sans interprète. Livré à lui-même, le compositeur ne sortirait pas de son ambiance propre, et cela équivaudrait pour lui, au point de vue de la communication psychique, à demeurer dans le néant. Le peintre, le sculpteur, ne sont point dans ce cas. Leur œuvre achevée, elle vit par elle-même.

Cette nécessité d'un interprète met, en apparence, le compositeur en état d'infériorité. Mais, en fait, c'est ce qui donne à la musique cette intensité de vie que ne connaissent point les autres arts, et qui lui permet, bien mieux encore, de « fixer le moment éternel ».

L'interprète, aussi modeste que soit son rôle, ne doit donc jamais oublier qu'il fait corps avec l'œuvre, qu'il est une parcelle du génie créateur, qu'il a pour mission et pour devoir de s'imprégner de sa pensée, constamment, sans relâche, que la moindre des distractions peut provoquer l'écroulement de l'édifice, conçu et bâti dans un instant de ferveur religieuse. Il n'y aurait plus qu'une chute ridicule, comme eût dit Berlioz : *Ridiculus mus !...*

136. *Solos*. — La moindre sonatine doit *vivre*. On oublie trop souvent ce précepte dans les conservatoires. On y joue pour jouer, sans plus. Et c'est à cela qu'il faut attribuer tant d'exécutions incolores.

Encore une fois, parce que l'on a le plus

fréquemment affaire à des enfants, pourquoi se borner à de l'enfantillage? L'enfant est un être dont la conscience doit s'éveiller, doucement mais sûrement, à l'âge où la parole provoque les images et précise les pensées. Au point de vue strictement sensoriel, — et nous touchons ici à la musique pure, — l'enfant doit être également traité comme une conscience qui s'éveille, et non comme une machine.

Imposez des nuances, c'est parfait. Mais les nuances sont d'ordre, avant tout, mécanique. Ajoutez à cela l'intuition du toucher ou de la frappe, vous réveillerez facilement l'âme artiste qui sommeille en chacun de nous.

137. *Une sonatine de Clementi.* — Prenons la sonatine op. 36 (1), de Clementi (n° 3 du cahier réuni et doigté par Conrad Kühner). Le mouvement général de ce morceau, très simple, en *ut* majeur, est indiqué, non par un « *tempo* » précis, mais par le seul mot « *spiritoso* », autrement dit: avec esprit. Tant mieux! nous ne serons plus ainsi pris dans le carcan du métronome, et cela va nous permettre de faire appel à l'initiative de notre jeune élève.

Cet élève, évidemment, sait lire à vue des phrases musicales de cette facilité. Avant de toucher le clavier, il examinera donc la sona-

(1) Op. est une abréviation de *opus*, mot latin qui signifie ouvrage, œuvre.

tine un instant, en fera une brève analyse.
Car l'analyse et la lecture à vue simultanées
ne sont permises qu'à celui qui possède déjà
plusieurs années d'expérience. D'ailleurs,
avant de déclamer une pièce de vers (ce qui
est du ressort de la simple lecture, donc plus
facile que le déchiffrage musical), un artiste,
fût-il de la Comédie-Française, a toujours le
temps de la lire, et, dans les concours musicaux, avant la lecture à vue, on accorde au
concurrent quelques minutes pendant lesquelles il « prépare » son épreuve.

Un tel exercice muet, chez l'enfant, est toujours salutaire, mais seulement, nous le répétons, pour l'enfant qui sait son solfège, et que
l'on connaît capable de comprendre « menta-
lement » la musique. Le petit enfant, lui, ne
lit pas, ou, plutôt, il lit après avoir chanté, et,
nous l'avons vu, il est bon de faire d'abord
appel à son intuition. Qui est apprenti n'est
pas maître.

Reprenons notre sonatine. La phrase est
d'une clarté remarquable, écrite, en effet,
comme l'indiqua l'auteur, avec esprit. Les
quatre premières mesures forment un tout.
La main gauche est libre d'entrave rythmique;
ses sons seront réguliers et liés. La main
droite, en revanche, est plus expressive. Un
accent sur le premier *sol*. Que le toucher soit
rond, moelleux. Liez bien (et, par lier, on
entend, au piano, ne pas laisser de temps
entre les notes) le *sol*, le *mi*, le *do*; puis
dégagez dès le *sol*, détachez légèrement les

trois *sols* (soignez bien cette frappe), et reprenez la première idée : *sol mi,* mais sans
accent sur le *sol,* cette fois. La phrase en
doubles croches, très liée, permet d'étudier le
crescendo, qui aura son point culminant au
si du troisième temps, et trouvera son réflexe
dans le decrescendo qui terminera la phrase,
fa dièse-sol étant très lié, et les trois dernières
notes détachées avec esprit...

Nous ne poursuivrons pas cet examen plus
avant. Le professeur est là pour cette fin.
Mais l'on pourra constater, par l'importance
que nous avons donnée à quatre mesures,
quatre petites mesures simples d'une phrase
en *ut* majeur, l'intérêt d'une leçon d'interprétation consciencieusement donnée.

138. *Duos. Ensembles.* — Jusqu'ici l'élève a
été livré à lui-même. Il va, maintenant, donner la réplique à un camarade. Déjà il faut
une conduite. Cette conduite, cette direction,
autrement dit, est confiée à l'élève le plus
avancé, s'il s'agit de deux instruments identiques ; au pianiste, si le piano entre en jeu :
car le piano, marquant généralement les
rythmes et soutenant l'harmonie, joue un rôle
prépondérant ; au premier violon, s'il s'agit
d'un trio ou d'un quatuor dit à cordes (le trio
ou le quatuor auquel participe le piano est dit
klavier-trio, klavier-quartett) : car, en ce cas, le
premier violon est chargé du rôle de régisseur ;
il a, le plus souvent, la tâche de faire ressortir
la mélodie, et, lorsqu'il s'agit d'une pièce en

style fugué, il a pour mission d'affirmer le chant principal.

Dans les ensembles, l'interprétation exige beaucoup de conditions, très difficiles, certes, à réunir, mais qui ne font qu'ajouter à la grandeur de la tâche accomplie.

La condition *sine qua non*, comme nous venons de le voir, est une bonne conduite. Le conducteur indique le mouvement (quand il s'agit d'élèves travaillant ensemble, il bat une « mesure pour rien »), annonce, par un balancement caractéristique, voire par un mouvement du pied, pendant les premières répétitions, les « ralentis » ou les « accélérés », en un mot règle les premières lectures, la lecture à vue d'abord, puis la lecture avec nuances, puis la véritable lecture d'interprétation, où l'ensemble acquiert de l'homogénéité, où les phrases s'enchaînent, où les transitions sont soigneusement établies.

Beethoven.

Mais, en dehors de cette conduite et de cette homogénéité, il y a aussi la connaissance, la pratique du style. Le plus avancé des élèves, à défaut du professeur, ne se gênera point pour dire à ses camarades ce qu'il pense de la façon dont l'œuvre à interpréter fut conçue. Le romantisme de Beethoven n'est pas le romantisme de Schumann ; et un abîme sépare ces deux grands romantiques du classicisme prime-sautier de Mozart, de la précision dogmatique de Haydn, puis, pour nous rapprocher du siècle, de l'art un peu factice de Mendelssohn, de l'art plus raffiné de Brahms, de la ponctualité harmonique de notre Saint-Saëns... Autant de compositeurs, autant de styles. Choisissons l'un des plus grands parmi les plus grands : Schumann.

139. *Un trio de Schumann.* — Voici le célèbre trio op. 63 pour violon, violoncelle et piano, en *ré* mineur (il est édité pour 70 pfennigs chez Enst Eulenburg).

Schumann trouva des richesses expressives, sans cesse renouvelées, non plus dans la nuance soulignant la mélodie pure, comme ses devanciers, mais dans ses conceptions harmoniques. Plus que sur la ligne mélodique, il faut donc insister, chez Schumann, sur les sonorités d'ensemble. C'est de l'interprétation juste de telles sonorités que doit naître cette ambiance, cette atmosphère bien propre à celui dont tout l'œuvre musical fut, on peut le dire, une œuvre d'amour.

Dès les premières mesures de ce trio, il faut situer l'harmonie. Ici la musique ne s'extériorise plus, avec la verve, la fantaisie (pas toujours dénuée d'expression dramatique, cependant), chères aux classiques.

Le violon s'impose d'abord, calme, noble, soutenu par les arpèges du piano. A la seconde mesure, le violoncelle prend part au discours, et ce sont alors des harmonies sublimes qui

s'élèvent... Pourtant ces harmonies n'ont rien
de compliqué ni d'étrange. C'est en lisant de
telles œuvres que l'on peut dire qu'en dépit de
sa « science musicale » très avertie, Schumann
fut vraiment un primitif. Il a créé un art, et
c'est pour cela qu'il demeure grand.

Les nuances, chez Schumann, non seulement il faut scrupuleu-
sement les observer, mais
il sied même qu'on les
dramatise. Dans le pre-
mier mouvement du trio
qui nous préoccupe, ces
nuances accentuées amè-
nent la suite d'accords,
frappés en sforzando, de
la quinzième mesure. Dès
le poco rit, qui suit, que
les cordes laissent bien

Schumann.

la parole au piano. Schumann, qui était lui-
même, comme sa femme Clara Wieck, un
merveilleux pianiste a donné, ici au piano une
de ses plus belles phrases ; et le violon et
le violoncelle la redisent, cette phrase, pendant que le piano accentue leur dialogue
d'harmonies profondes, tour à tour joliment
dissonantes et douces...

Pourquoi insisterions-nous ? Les exécutants
sont désormais dans la voie ; qu'ils poursui-
vent. Les plus belles heures leur sont promises.

Un conseil : pas de coupures, faites toutes
les reprises ; une coupure serait aussi crimi-
nelle ici que dans une symphonie de Beetho-

ven. Que ces œuvres apparaissent un peu
longues, à notre époque échevelée, soit !
Mais au moins conservez-les dans leur intégrité, ne serait-ce que par souci de l'ar-
chaïsme et par respect pour le génie créateur.

140. — Nous voilà familiarisés avec les
ensembles. Si votre fils est violoniste et votre
fille pianiste, ils pourront s'adonner à l'étude
de la sonate, de Locatelli à Franck et à
Lekeu.

Si nous sommes en mesure de constituer
des ensembles plus complets, trios, quatuors,
quintettes, sextuors, septuors, etc., nous
aurons à notre disposition une bibliothèque
musicale innombrable, de Haydn à Debussy,
où tous les goûts, toutes les tendances, seront
représentés, et où les élèves trouveront toujours des œuvres en rapport avec leur savoir-
faire.

Dans les ensembles à cordes sans piano,
chaque exécutant a son rôle à tenir. Si le
premier violon demeure le conducteur, le
second violon lui donne la réplique, l'alto
« arrondit » l'ensemble, et le violoncelle, puissant et solennel, peut être considéré comme
la base du Temple.

Peu à peu la voix, puis les voix, puis
d'autres instruments s'adjoindront à cette harmonie, et progressivement la famille s'élèvera
jusqu'à la pratique du grand art.

141. *Chantons un opéra-comique.* — Et maintenant, délassons-nous ; toutes voiles dehors ! Trois chanteurs et un pianiste ? Bien... Nous allons chanter et jouer *Les deux Billets*, de Poise.

Poise est un des maîtres de l'opéra-comique français. Il a traité le genre avec finesse, et l'on peut dire que sa musique, légère comme il sied à de la musique dont le but est de divertir, est encore, à chaque exécution, un continuel pétillement d'esprit.

Les deux Billets, que nous avons choisis à dessein, sont d'une exécution facile. Un soprano menu, un gentil ténor, une basse bouffe... Costumes avantageux de la comédie italienne, adaptée au goût français (le poème est de Florian). Argentine, Mezzetin, Scaramouche... Peu d'accessoires : un banc, du papier.

Le rôle d'Argentine, d'une tessiture abordable, doit être chanté et joué avec gentillesse et sentiment. Il ne demande aucune exubérance, et sa colère même contre Mezzetin trouve un exutoire suffisant dans les traits rapides de la musique de Poise. La scène finale avec Scaramouche est, musicalement, du plus haut comique.

Scaramouche est un fourbe. Son rôle est émaillé de récits forts suggestifs, ce qui lui permet de ne pas faire grande dépense de voix. Quant à Mezzetin, il est toute candeur, toute naïveté. Le rôle comprend, outre des ensembles joliment écrits (par exemple le duo avec Argentine), des phrases musicales très expressives (citons les deux couplets adressés au billet d'Argentine qu'il vient de retrouver).

Citons encore parmi les œuvres que les adultes peuvent interpréter en famille avec profit : *Le Violoneux*, d'Offenbach, *Le 66* du même, *Les Charmeurs* de Poise, et, si l'on dispose d'un personnel nombreux, *Bonsoir, Monsieur Pantalon*, de Grisar.

142. *Bons interprètes, bons auditeurs.* — Ne pensez-vous pas que, préparés ainsi à l'interprétation des œuvres musicales les plus diverses, les enfants et les adultes prendront un plaisir réel à l'audition d'une symphonie de Beethoven ou de Strauss ?

Ne pensez-vous pas que, familiarisés avec l'étude des maîtres de la sonate ou du quatuor, ils abandonneront les plaisirs vains, pour demander aux grands concerts dominicaux, s'ils sont à Paris, aux exécutions de leur philharmonique, s'ils sont en province, les joies auxquelles leur commerce constant avec les grands compositeurs les aura préparés ?

143. — Et, changeant de milieu et de genre, ne peut-on pas augurer qu'un enfant ou qu'un adulte, préparé par des lectures et des exécutions fragmentaires à la fréquentation de nos meilleurs écrivains dramatiques, ira de préférence à l'Opéra, à l'Opéra-Comique, voire

à son Opéra municipal, et dédaignera les concerts de niveau moral inférieur ?

La musique s'affirme donc comme un art
essentiellement moralisateur, et l'on ne peut
que louanger le père de famille dont la libé-
ralité permet à ses enfants d'atteindre, avec
méthode et discernement, à la plus complète
nterprétation des chefs-d'œuvre.

LE CHOIX D'UNE CARRIÈRE

144. *Amateurs et Professionnels.* — Selon qu'en quittant les bancs de l'école, l'adulte considérera la musique comme un art d'agrément ou décidera de lui demander ses moyens d'existence, il pourra devenir amateur ou professionnel.

On a, par trop, au cours de ces derniers lustres, opposé les deux termes. Il n'y a entre eux, pourvu qu'on examine la question d'un peu près, qu'une différence quantitative. Quant aux qualités minima, on devrait exiger qu'elles fussent les mêmes chez l'amateur et chez le musicien de profession.

Il est certain que le problème des aptitudes intellectuelles ou physiques, requises pour l'étude du chant ou d'un instrument, problème que nous allons aborder, s'applique aussi bien à qui travaille pour l'amour de l'art qu'au besogneux.

On peut être amateur et demeurer un artiste, et l'on peut être musicien sans faire preuve d'un sens artistique très prononcé. Vous voyez à quel point il est dangereux, en art surtout, de jongler avec les mots.

La vérité, c'est qu'il suffit d'accomplir sa tâche noblement, en toute probité, sans idées préconçues, — disposition rare ! — pour se révéler comme un véritable artiste. Point n'est besoin pour cela d'être un homme de métier.

Nous dirons plus : au cours de nos voyages, exceptionnels furent les professionnels que nous pûmes, en toute sincérité, qualifier de « consciemment artistes ».

145. — Si l'enfant devient un amateur, il n'a qu'à tirer le meilleur profit, pour sa satisfaction personnelle et celle de son entourage, des leçons que ses parents lui firent donner. Qu'il n'oublie jamais, — cela est essentiel ! — que, libre de son opinion et de son temps, il peut rendre à l'art d'importants services. Il jouit, pour cela, d'une indépendance que ne connaît presque jamais, — aveuglé qu'il est par le préjugé ou la nécessité, — l'artiste de carrière.

146. *La vocation.* — Si, par contre, l'enfant témoigne pour le métier d'un goût prononcé qui dénote la vocation véritable, le rôle du père de famille, dont la responsabilité va prendre ici sa forme ultime, est d'étudier l'enfant, de le convaincre doucement de son erreur, s'il est avéré qu'il doit succomber aux premières épreuves ; de l'encourager, au contraire, si ses dispositions sont réelles et son caractère opiniâtre ; de l'aider enfin de ses conseils.

147. *Ce qu'est la carrière*. — Que le père se pénètre bien de cette idée primordiale, sorte de postulat pratique, trop souvent, hélas ! méconnu, que la carrière artistique n'est ni meilleure ni pire qu'une autre carrière.

Toutes les professions sont bonnes. L'essentiel est de les embrasser avec méthode. Les adultes engagés dans une carrière pour laquelle ils ne sont point faits, à laquelle ils ne sont pas préparés, deviennent aisément ce que le monde, impitoyable pour les vaincus, appelle des « ratés ». C'est là qu'est le danger.

148. — Mais un autre danger est bien plus menaçant encore. Les enfants que l'on contrarie dans leur vocation accomplissent mal l'autre tâche qu'on leur impose, s'ils se résignent à obéir aux conseils donnés.

Quant à ceux, — et c'est le plus grand nombre, — qui passent outre, non seulement ils portent la peine de la zizanie familiale, mais, obligés de se plier aux exigences de la vie, ils déforment leur personnalité, quand ils ne succombent pas à la misère. On voit donc que le problème est grave.

Il faut que le sujet soit bâti pour affronter la lutte : car la bataille est rude, à notre époque, dans quelque voie que l'on s'engage.

Mais il est nécessaire d'affirmer qu'il n'est pas de plus belle carrière que celle de l'artiste, quand elle est entreprise à bon escient.

Les joies y sont plus intenses que les peines, et, souvent, une heure de bon travail fait oublier cent jours de cruelles déceptions.

149. *Dispositions intellectuelles.* — Nous les mettons au premier rang : car, quelles que soient les aptitudes physiques de l'enfant, il devra vivre d'abord par le cerveau.

Il est des symptômes auxquels l'esprit le moins averti reconnaît les dispositions sûres. Le père qui soupçonne chez son enfant des goûts artistiques ne les doit pas contrecarrer, ne serait-ce, comme nous l'avons dit plus haut, que pour en faire un amateur.

Il faut tenir compte, en premier lieu, de la spontanéité, de la facilité à s'assimiler un ouvrage, à en retenir les grandes lignes ; puis cette sorte de discipline librement consentie, qui fait que l'exécutant s'identifie avec l'œuvre même, s'enveloppe de son atmosphère. Sans cette spontanéité, point d'art.

Nous ne parlons pas, ici, de la lecture à vue, phénomène purement mécanique, mais bien de la lecture consciente, ce qui n'est pas la même chose.

Puis la mémoire joue aussi un rôle.

Son empire est même prédominant, après celui de la clairvoyance et de la volonté. Une œuvre sue de mémoire se chante ou se joue beaucoup plus aisément que lorsque l'on est contraint de soigner sa lecture.

Ce n'est que lorsqu'il est libéré des contingences, que l'artiste vraiment personnel peut s'adonner à l'étude des grands Maîtres.

150. *Dispositions physiques*. — Jusqu'ici elles n'ont été soumises qu'au critérium, un tantinet capricieux, du hasard. L'empirisme, qui règne partout, ne pouvait manquer d'envahir également la musique.

Cependant, ne tombe-t-il pas sous le sens que, pour faire un chanteur, par exemple, il faut jouir d'une santé robuste? On objectera que les plus jolies voix sortent des sujets prédisposés à la tuberculose... Nous avons constaté le cas. Mais ce ne furent que phénomènes éphémères. Cette beauté évoquait « la fin d'un jour », comme il est chanté dans la *Bohème*.

Non. Pour chanter, et, surtout, pour résister aux fatigues, aux durs travaux, au surmenage des répétitions, il faut avoir non seulement les poumons résistants, mais encore une constitution physique prête à toutes les épreuves.

Songez que le chanteur porte en lui son instrument, et que la cause occasionnelle qui altère sa santé altère aussi l'organe à l'aide duquel il gagne sa vie. Double raison pour n'aborder la carrière de chanteur qu'avec prudence et méthode.

151. — De même pour la pratique des instruments à vent. Certes, il faut nous garder du

préjugé qui veut que l'on représente un tromboniste sous l'aspect d'un apoplectique. Nous
savons qu'il suffit, pour donner un son plein
dans n'importe quel instrument à vent, de
ménager adroitement le jeu des lèvres. Mais,
néanmoins, ici comme dans le chant, il sied
d'exiger du postulant un minimum de
résistance pulmonaire.

Pour les instruments à cordes, il faut tenir
compte des prédispositions nerveuses de
l'enfant. Examen délicat. En effet, le sujet
trop nerveux, en outre des écarts musicaux
auxquels sa nature fébrile l'expose, peut pâtir
physiquement d'un état vibratoire continuel.

En revanche, un sujet lymphatique fait
rarement un bel interprète du violon. Il peut
produire de pures sonorités, et cela convient
encore aux exécutions d'orchestre, mais il ne
doit guère compter briller au premier rang
dans la pratique du solo.

On le voit, les conditions physiologiques
varient à l'infini. Si la harpe exige un doigté
délicat, on ne conçoit guère un trombone
mièvre; si le violon se prête aux sonorités
célestes, le violoncelle exige de la poigne et de
la rondeur.

Ce sont là règles générales. Elles souffrent
des exceptions qui, éloquemment, les confirment.

152. *Les femmes artistes.* — C'est à de
telles nécessités physiques que l'on doit, de
toute évidence, la limitation du nombre des

femmes dans les orchestres bien équilibrés.

Ici encore, l'exception confirme la règle. Nous avons entendu d'excellentes virtuoses du violon, plus rarement de parfaites violoncellistes. Et, si certaines femmes, fortement trempées, ont pu rivaliser avec les Liszt et les Paderewski, il n'en est pas moins vrai que la pratique du piano exige une énergie, une dépense physique, considérables, qui ne sont le plus fréquemment permises qu'à l'homme.

Quant aux instruments à vent, la femme n'est appelée à les pratiquer que dans peu de cas.

La vérité, c'est que la femme est tout à fait à son aise dans les fonctions qui exigent du charme, de la grâce, du sentiment. Et ce domaine en vaut bien un autre !

L'instrument idéal de la femme n'est-il pas la harpe, qui, en revanche, perd à être touchée par la main trop rude de l'homme ?

Et le chant ? Ici la femme est dans son élément propice, un élément magnifique, du reste, où ses triomphes ne se comptent plus.

Ceci posé, il faut proclamer que les femmes sont d'excellents tempéraments artistiques, en général. Il est rare qu'une femme artiste n'aime pas son art pour lui-même. Elle est donc pour le compositeur un précieux auxiliaire ; il n'est point hasardeux d'escompter son appui dans la lutte entreprise contre les assauts du mauvais goût,

153. *Musiciens d'orchestre et virtuoses.* — L'adolescent présente-t-il les meilleures garanties intellectuelles et physiques, le père ne doit pas hésiter. Il sied qu'il lui ouvre la carrière toute grande, afin que l'enfant y pénètre avec méthode et confiance. En d'autres termes, il doit lui faciliter la tâche, par tous les moyens.

C'est alors, vraiment, que son rôle d'éducateur commence.

L'adolescent se révèle-t-il comme un tempérament exceptionnel ? Il pourra tenter le sort, aidé, moralement et matériellement, autant que possible, par ses parents. Pour peu que la chance lui sourie (car la chance est encore un argument sans réplique), il atteindra aux plus hautes destinées.

Si la chance ne le favorise pas, loin des déceptions ! La vie est un combat où le vainqueur est celui qui se vainc d'abord lui-même. Il est temps qu'il s'adonne à la profession courante et se résolve à faire un excellent exécutant. Un bon musicien trouve toujours, à notre époque surtout, un engagement. Pour peu qu'il se montre ponctuel et intelligent, il sera estimé de ses chefs, et, sa réputation une fois établie, il aura droit de cité partout.

154. *Dispositions morales.* — Nous avons réservé pour la fin les considérations relatives aux qualités morales du musicien. Il n'est pas besoin d'affirmer qu'on les a jusqu'ici trop bénévolement négligées.

Nous ne sommes pas les premiers, nous ne serons pas les derniers à regretter un tel état de choses.

La probité professionnelle ! Dans quelle autre carrière, plus que dans la carrière musicale, est-elle donc à préconiser ? Demeurer un brave artiste, personnel dans les limites du bon goût, combien de musiciens sont capables d'un tel effort ?

Pourquoi le « bluff » et le cabotinage sont-ils aussi effrontément triomphants, de nos jours ? Parce que l'éducation du musicien, pour la plus grande part, est à faire.

Coupables sont ceux qui flattent les petites manies du public, au lieu de se révéler simplement de bons, d'honnêtes artistes, ne vivant que par l'œuvre, pour l'œuvre et dans l'œuvre, accomplissant, même en exécutant une modeste partie d'orchestre, mission d'éducateurs.

Le public ne demande pas qu'on le flatte. Il demande tout bonnement qu'on lui communique des sensations d'art. Ce n'est pas la même chose.

155. *Les Grands musiciens et leur Art.* — Les grands compositeurs nous ont laissé, du reste, des définitions de la musique, que nous croyons opportun, nécessaire même, de reproduire ici : car ces définitions, véritable bréviaire du musicien, prouvent, mieux que tous les libelles, que toutes les conférences et que toutes les démonstrations par l'exemple,

que la musique est plus et mieux qu'un pré-
texte à divertissement.

Son rôle social est foncièrement optimiste,
et ses adeptes accomplissent la plus haute
des tâches en la propageant.

D'abord :

Musique, art d'émouvoir par des combinaisons
de sons les hommes intelligents et doués d'organes spéciaux et exercés... La musique, en s'asso-
ciant à des idées qu'elle a mille moyens de faire
naître, augmente l'intensité de son action, de
toute la puissance de ce qu'on appelle la poésie...
réunissant à la fois toutes ses forces sur l'oreille
qu'elle charme, et qu'elle offense habilement, sur
le système nerveux qu'elle surexcite, sur la circulation du sang qu'elle accélère, sur le cerveau qu'elle
embrase, sur le cœur qu'elle gonfle et fait battre à
coups redoublés, sur la pensée qu'elle agrandit
démesurément et lance dans les régions de l'infini...

HECTOR BERLIOZ.

156. — Ensuite :

La Musique, dans aucun cas, et quelle que
soit l'association où elle se trouve engagée, ne
peut cesser d'être l'Art par excellence, l'Art
rédempteur.

Telle est son essence : ce qui, dans les autres
arts, n'est qu'ébauché, parvient, par elle et en elle,
à la plus inébranlable certitude, à la réalité la
plus immédiate, la plus positive.

J'en appelle au spectateur de la danse la plus
grossière, à l'auditeur du vers de mirliton le plus
plat : la musique qui s'y ajoute, tant qu'elle prend

son rôle au sérieux et n'a pas l'intention de cari-
caturer, ennoblit cette danse et ce vers ; en effet,
précisément en vertu de ce sérieux qui lui est
propre, elle est d'une nature si chaste, si merveil-
leuse, qu'elle transfigure tout ce qu'elle touche.

Richard WAGNER.
(Traduit par Benoit.)

157. — Enfin, voici le fin du fin, voici qui
démontre que l'Art, en général, et la musique,
en particulier (puisqu'elle pourrait être appelée l'Art tout court), émane de tous les actes
de la vie. Ce mot, c'est le plus clairvoyant des
musiciens qui le prononce :

La recherche des traits intimes de l'individu
et de la masse, l'incursion dans les régions inex-
plorées, et l'apport des beautés qu'on y trouve,
telle est la mission de l'artiste.

« Vers de nouveaux rivages ! » sans crainte, au
travers de la tempête, malgré les tourbillons et les
rochers, « vers de nouveaux rivages ! » Dans les
foules, dans les individus, il y a des trésors que
nulle main n'a approchés. Les pressentir, les
chercher, les trouver, par la lecture, par l'observation, et en nourrir l'humanité comme d'un plat
sain, que nul n'a encore goûté, — voilà le problème
et la joie des joies.

Modeste MOUSSORGSKI.
(Traduit par d'Alheim.)

Avez-vous entendu ?
Il y a des trésors que nulle main n'a appro-
chés.
Ces trésors, la musique les découvre et en

fait resplendir les milles facettes à la pleine lumière du soleil.

La musique divinise tout ce qu'elle touche.

Elle va jusqu'au tréfonds de l'âme humaine, et quand elle en revient, c'est un joyeux message qu'elle rapporte.

Ses mains divines ne sont-elles pas éternellement tendues vers nous, en un geste de rédemption et d'amour ?

158. *Pour aborder le théâtre.* — De telles considérations, sur lesquelles nous regrettons de ne pouvoir nous étendre, concernent la musique en général. Si nous parlions un peu du théâtre lyrique ?

C'est ici que les vocations combattues peuvent provoquer les pires catastrophes. C'est ici que le père a le devoir de ne pas combattre pour combattre, par préjugé, une tendance qui se dessine et s'affirme, mais de ne lutter que quand la lutte se justifie par la crainte de voir son enfant embrasser une carrière pour laquelle il n'est point armé.

Le théâtre, dont les moindres gestes sont enregistrés par la Presse, le théâtre, qui évolue chaque jour sous les yeux du public, ne jouit pas d'une réputation très favorable.

La pensée moderne a pourtant fait table rase de bien des idées préconçues, et l'acteur n'est plus considéré comme un être à part dans la société. Les classes aristocratiques elles-mêmes ne dédaignent plus la pratique d'une carrière qui exposait jadis à l'excommunication majeure.

Le père qui permettra à son fils ou à sa fille, chez lequel ou laquelle il aura vu se développer de réelles dispositions pour le théâtre lyrique, de suivre sa vocation fera toujours œuvre grande.

Un seul conseil en passant : qu'il veille à ce que le sujet ne monte pas sur les planches avant de posséder à fond son répertoire. Il l'exposerait aux plus cruelles déconvenues.

Ces idées apparaîtront à quelques-uns fort osées. Elles sont la déduction de plusieurs années d'observation continue.

La carrière théâtrale, très complexe, exige de longues études ; on a donc bénéfice à ne pas commencer ces études trop tard, et il serait vain de contrarier outre mesure une vocation qui, — l'expérience constante nous en a donné la preuve, — finit toujours par triompher des obstacles accumulés devant elle.

159. *Essai de culture intégrale.* — On a souvent reproché aux musiciens, et ce avec juste raison, d'être ignorants sur les sujets qui ne concernent pas la musique, et même de ne point connaître les tenants et aboutissants de leur art.

Demandez un peu aux chanteurs d'opéra et d'opéra-comique, voire aux chanteurs de concert, dont l'ignorance est dix fois sans excuse, s'ils connaissent en général l'histoire de la musique, en particulier l'historique d'une œuvre ou le caractère de l'auteur qu'ils interprètent. Ils vous regarderont d'un air ahuri.

Quant à la culture proprement dite, quant à l'instruction des musiciens, elle est vraiment par trop sommaire. L'enfant qui se destine ou que l'on destine à la profession quitte l'école de bonne heure. Sera-t-il jamais autre chose qu'un invalide ?

Il faudrait que l'on réagît contre cette funeste tradition. Encore une tâche qui incombe au père de famille. *Savoir*, n'est-ce pas la condition première pour *interpréter ?*

160. — Le réconfort nous vient une fois encore de l'étranger. Il est vrai que cet étranger est une nation-sœur : la Belgique. A Ixelles, faubourg de Bruxelles, existe une école de musique que dirige depuis des années, avec une constance que n'ont pas altérée les obstacles, un véritable artiste, Henri Thiébaut. Cet homme, ce musicien, — et, qui plus est, ce directeur, — a osé demander à ses élèves, mieux, *exiger* d'eux, plus que le balbutiement musical.

En effet, à l'École d'Ixelles, on prend l'enfant tout jeune, on le développe, on lui donne l'instruction et l'éducation intégrales, parallèlement à l'étude de la musique. On s'efforce, autrement dit, d'en faire un être complet. Car tout artiste serait presque un être complet, s'il savait...

Ne pourrait-on agir de même chez nous, et organiser, par exemple, pour les adultes

qui se destinent à la carrière musicale, des
cours primaires et secondaires où ils vien-
draient parachever leur instruction ?

161. — Quant à l'éducation de l'élève du
Conservatoire, elle est négligée plus encore.

Imbart de la Tour, qui fut non seulement
un grand chanteur, mais encore un chanteur
complet, à cause précisément de son éducation
et de sa culture, a bien, autrefois, créé au
Conservatoire de Paris une chaire d'esthétique musicale. Mais Imbart n'est plus.

On a supprimé, dit-on, sa classe, ou, du
moins, on l'a laissée sans titulaire, ce qui
revient au même. Parbleu ! n'était-elle pas la
plus utile de toutes ?

Ce qu'Imbart a voulu faire pour les chanteurs, il le faudrait faire pour tous les musiciens.

CONCLUSION

C'est parce que les cours et les programmes nous ont paru incomplets, que nous
avons tenu à attirer l'attention des parents sur
un problème trop souvent, hélas ! traité à la
légère.

C'est aux parents qu'à défaut des pouvoirs
publics incombe le devoir d'ordonner les
études musicales des enfants.

Le devoir accompli, le petit artiste muni
d'un bagage confortable, — mais point lourd à

porter, quoi qu'on croie et quoi qu'on ait dit, —
l'enseignement officiel ne pourra que contri-
buer au plus grand développement du cerveau où la bonne semence aura germé.

Les musiciens ne sont, trop souvent, que
des musiciens. Faites-en des hommes !

Ils sont, trop souvent aussi, de ternes
interprètes. Faites-en des artistes, et ce
quelle que soit l'importance de leur rôle dans
l'ensemble.

Dites-leur qu'il n'est point de tâche infé-
rieure : tous font partie d'un tout, où chacun
joue un rôle indispensable.

Si l'on pouvait développer ainsi chez tous
les musiciens, du premier au dernier pupitre
et du choriste à la grande étoile, la conscience artistique, soyez convaincus que l'art
musical ne tarderait pas à rejoindre les autres
branches de l'esprit, qui l'ont, de très loin,
distancé, sur la pente altière du progrès.

TABLE DES MATIÈRES

	Pages
PRÉFACE	I

1

Considérations générales

Définition	1
L'Art, la Nature et la Science	2

GENÈSE DE LA MUSIQUE

Production du son	2
Bruit et son musical	3
La sensation	3
La musique et l'enfant	4
Les peuples primitifs	5
La musique, langue universelle	5
Sous quel angle on la devrait considérer	6
Ce qu'en pensaient les Grecs. Ce qu'en pensent les Allemands, les Belges	7
Sa place dans les programmes	8
La musique au foyer	8

APERÇUS THÉORIQUES

Les bons ouvrages théoriques...................... 9
    Simplicité de la théorie...................... 10
Ne pas exagérer sa portée scientifique............ 10
    Qualités du son musical...................... 11
    Diapason...................... 12
    Octave...................... 12
    Étendue générale des sons...................... 13
    Gammes. Tonalités...................... 15
Gamme majeure type, mineure type, chromatique.... 15
    La Mélodie. Ses sources...................... 17
    Modulation et Tonulalion...................... 19
    Le Rythme...................... 19
Délivrons-nous des expressions sibyllines........ 20

II

Étude de la Musique

L'INTUITION

    La Méthode intuitive...................... 23
Application de la trouvaille de Gouin. Chanter
avant de lire...................... 24
    Du simple au complexe...................... 25
    Solfions la gamme majeure...................... 26
Par degrés conjoints. Par degrés disjoints...... 27
Place des notes et leur nom, d'après leur rôle... 28
    Solfions la gamme mineure...................... 28
    Solfions la gamme chromatique...................... 31
    Des différentes tonalités...................... 31
    Solfions en sol, en ré...................... 32
    Solfions en fa, en seu...................... 33
    Tonulons. Modulons...................... 34

LA NOTATION

Le son et le signe représentatif............. 37
La notation usuelle 38
La notation chiffrée.......................... 39

III

Considérations pédagogiques

Où apprendre la musique?.................... 41
L'enseignement officiel...................... 42
Le choix d'un professeur.................... 43
La question d'argent. Qualité vaut mieux que
  quantité................................... 43
Programme d'études......................... 44
Lecture et analyse des maîtres.............. 45
Personnalité musicale de l'élève............ 46
Solfier n'est pas crier..................... 46

IV

Bonne et mauvaise musique

Être un musicien ?.......................... 49
Bonne ou mauvaise musique.................. 50
Gare aux études hâtives, aux productions vul-
  gaires !...
Musique de bon goût......................... 52
Musique élevée et rengaine.................. 52
Immortalité des chefs-d'œuvre............... 53
Des genres................................... 54
Le fonds commun............................. 55

Raison du retard de l'éducation musicale en France.. 55
Raison de la faveur de la musique en Allemagne. 56
  Parlons de la chanson.. 56
  Défendons nos poètes et nos chansonniers..... 57

V

Le Chant

Prédilection générale pour le chant............... 59
Le fonctionnement du larynx........................ 60
Chanter librement.. 61
Luttons contre l'effort, contre l'appui............... 61
Ne pas grossir le son..................................... 62
École italienne. École allemande..................... 62
École française de l'émission naturelle............. 63
  Faire porter la voix................................. 63
  Les salles d'études................................. 64
  Le chant en plein air.............................. 65
  Hygiène vocale...................................... 66
  Classification des voix........................... 67
Voix spéciales... 67
Consultez un praticien.................................... 68
  Exercices simples.................................. 68
Chanter sur : mi ; sur : zin............................. 69
  La diction... 71
Diviser le travail vocal................................... 71
La consonne doit « sonner » intérieurement avant
  la voyelle... 72
Bien prononcer... 72
Chanter avec expression................................ 72
  Chansons populaires.............................. 73
  La Mélodie... 74
  La Romance.. 74
  Le Lied... 75
  Lieds de France.................................... 76
  Lieds étrangers..................................... 76

Le chant théâtral............................. 77
L'opéra-comique, genre éminemment français... 78
Les répertoires............................. 79
Les ensembles en famille..................... 80
Chœurs d'enfants............................. 82
L'art choral................................. 83

VI

La Musique instrumentale

Classification.............................. 85
Les instruments à cordes.................... 86
Les violes.................................. 87
Caractère des violes........................ 89
Leur répertoire............................. 90
Le violon. Le violoncelle................... 91
Le piano.................................... 92
Harpe et mandore............................ 95
Les instruments à vent...................... 96
L'orgue..................................... 97
Flûte, hautbois, clarinette, cor............ 99
Instruments dits chromatiques............... 99
Batterie.................................... 100
L'ensemble instrumental..................... 100
Symphonie, harmonie, fanfare................ 101
Union des voix et des instruments........... 102
Le phonographe.............................. 103
L'achat d'un instrument..................... 104

VII

L'Interprétation

Où entrent en jeu méthode et tempérament..... 107
Chansons d'enfants.......................... 108

Chanson triste.

Chanson sentimentale.

Chanson moderne.

Toutes les chansons.

Chantons un lied !

Duos, ensembles.

Un chœur a capella.

L'Interprétation instrumentale.

Solos.

Une sonatine de Clementi.

Duos, ensembles.

Un trio de Schumann.

Chantons un opéra-comique.

Bons interprètes, bons auditeurs.

APPENDICE

Le choix d'une Carrière

Amateurs et professionnels.

La Vocation.

Ce qu'est la carrière.

Danger des vocations contrariées.

Dispositions intellectuelles.

Dispositions physiques.

Les femmes artistes.

Musiciens d'orchestre et virtuoses.

Dispositions morales.

Les Grands musiciens et leur Art.

Berlioz, Wagner, Moussorgski.

Pour aborder le théâtre.

Essai de culture intégrale.

À l'école de musique d'Ixelles.

L'esthétique musicale au Conservatoire.

Conclusion.

www.ingramcontent.com/pod-product-compliance
Ingram Content Group UK Ltd.
Pitfield, Milton Keynes, MK11 3LW, UK
UKHW022348090726
13658UKWH00002B/539